Horst Conen

Der Taschen-Optimist

pickup

Horst Conen

Der Taschen-Optimist

Das 7-Tage-Programm gegen trübe Gedanken

Dieser Ausgabe liegt das Buch von Horst Conen *Optimisten brauchen keinen Regenschirm. Das Programm für Ihre positive Zukunft* zu Grunde. Es erschien im Ariston Verlag 1997.

Bibliografische Information der Deutschen Bibliothek

Die Deutsche Bibliothek verzeichnet diese Publikation in der Deutschen Nationalbibliografie; detaillierte bibliografische Daten sind im Internet unter http://dnb.ddb.de abrufbar.

Textredaktion: Conny Böhm, München
Umschlaggestaltung: ZERO Werbeagentur, München
Umschlagmotiv: FinePic
Produktion: Ortrud Müller
Satz: EDV-Fotosatz Huber/Verlagsservice G. Pfeifer, Germering
Druck und Bindung: Alcione, Trento
Printed in Italy

ISBN 3-7205-2667-4

Inhalt

Vorwort

Unsere heutige Welt flößt vielen Menschen Angst ein. Die Gründe dafür sind vielfältig. Einerseits sehen wir uns großen Problemen wie Arbeitslosigkeit, Umweltkatastrophen und Kriegen gegenüber. Andererseits konzentrieren wir uns im persönlichen Leben häufig auch zu einseitig auf Probleme und Schwierigkeiten. Und das wahre Dilemma dabei ist: Die meisten haben den Glauben an das Gute verloren, weil sie kein rechtes Vertrauen in ihre Fähigkeiten als Gestalter ihres eigenen Lebens mehr haben.

Wenn Sie dieses Buch gelesen haben, werden Sie ein neuer Mensch sein. Sie leben zwar noch dort, wo Sie bisher lebten, und auch Ihre Interessen und die Beschäftigung mit ihnen werden gleich bleiben. Doch etwas wird mit Ihnen geschehen sein. Ihre Art, das Leben zu sehen, und Ihre Denkweise werden sich ein Stück verändert haben – und somit ein wesentlicher Teil Ihrer Persönlichkeit. Erkennen werden Sie den Wechsel daran, dass Sie häufiger lachen und besser gelaunt sind als früher und manchen Kummer nicht mehr so schwer nehmen. Sie werden mehr Fröhlichkeit und Gelassenheit ausstrahlen und dazu tendieren, positive Lösungswege zu ersinnen, anstatt sich in düsteren Gedanken zu ergehen.

Denn ein von Daseinsfreude erfülltes Leben zu erreichen ist leichter, als wir glauben. Geben wir uns selbst jenen Lebensmut, den wir brauchen, um uns vom Alltag nicht entmutigen zu lassen und ein fröhlicher Mensch zu sein. Fangen wir an. Jeder für sich, leise, ganz leise. Es ist Zeit.

Schließlich sei eine einfache Form der Selbsthilfe vorgestellt, um sich wieder aufzuheitern und schwere Tage zu erleichtern. Am Ende eines jeden Kapitels finden Sie ein Kurzprogramm – sanfte Medizin gegen alltägliche Unlustgefühle und allgemeine Unzufriedenheit.

Jedes der sieben Programme steht unter einem anderen positiven Motto. Sie ermöglichen zugleich, sich an einige wesentliche Denk- und Handelsschritte aus den vorangegangenen Kapiteln zu erinnern. Stellen Sie Ihren Alltag öfter einmal unter eines der angegebenen Mottos und versuchen Sie, sich den ganzen Tag möglichst konsequent an dieses Motto zu halten.

Die sieben Programme reichen für eine Woche mit täglich anderem Thema. Falls Ihnen dieser Rhythmus etwas zu dicht hintereinander erscheint, brauchen Sie ihm nicht in dieser Form zu folgen. Wählen Sie in diesem Fall nur jene Mottos aus, von denen Sie glauben, dass sie zu Ihrer Lebenssituation am besten passen. Und falls Sie Zeit dafür finden, sollten Sie am Abend Ihre Gefühle und Erfahrungen hinsichtlich des durchgeführten Programms kurz schriftlich festhalten – auch um sie für sich selbst besser auswerten zu können.

Bleiben Sie »am Ball« – selbst wenn nicht alle Tage nur Sonnenschein bringen. Freuen Sie sich Ihres Lebens und feiern Sie es so oft wie möglich. Wenn Sie und ich jeden einzelnen Tag nur einen einzigen positiven Schritt dazu unternehmen, sichern wir uns damit unser Lebensglück – heute und in Zukunft!

1. Tag

»Ich fange jeden Tag neu an«

Sagen Sie ja!

Wenn sich morgens der Vorhang hebt, ist die Bühne des Lebens noch in schummriges Licht getaucht. Wir sehen nicht, was der Tag für uns bereithält. Dieser Moment birgt etwas Geheimnisvolles in sich. Zwar tritt klar zutage: Wir sind es, derselbe Mensch, der wir gestern waren. Und es ist ein Morgen wie viele andere Morgen auch. Wir beginnen ihn mit der gleichen Routine und fragen uns: »Was habe ich heute alles zu erledigen?« und: »Wie schaffe ich alles?« Doch wenn wir uns nur sechzig Sekunden lang bewusst machen, was in diesem Moment ebenso Wirklichkeit ist, dann erkennen wir: Der Tag, der vor uns liegt, ist einzigartig. Denn kein Tag unseres Lebens kommt je wieder zurück. Mit jedem Erwachen erhalten wir aufs Neue die Chance, uns für die Gewissheit zu öffnen, wie kostbar ein Tag ist, und uns vorzunehmen, ihn so gut wie möglich zu genießen.

Der Morgen wird heller, der Tag kommt. Wir betreten wieder die Bühne des Lebens. Ein großer Scheinwerfer ist auf den Ort der Handlung gerichtet:

das Alltagsleben. Das Stück hat begonnen. Und Sie – Sie selbst spielen die Hauptrolle darin.

Jetzt kommt es auf Sie an, wie Sie es gestalten und wie Sie sich einbringen. Den Tag kümmert es nicht, ob es uns gut oder schlecht geht. Wir müssen uns schon selbst darum kümmern, wie wir dem Leben entgegentreten wollen. Deshalb sind Sie aufgefordert, sich zu entscheiden. Was soll aus dem Tag werden, eine Komödie oder ein Drama? Was wollen Sie erleben – Hochspannung oder Langeweile, Lust oder Frust? Natürlich würde jeder am liebsten die Rolle übernehmen, die ihm das größte Stimmungshoch beschert. Sicher haben Sie schon oft gedacht: »Könnte ich doch von meinem Wesen her so sein, oder so, dann würde mir bestimmt vieles leichter fallen.« Und danach haben Sie zu sich gesagt: »Ach, ich kann eben nicht aus meiner Haut, ich bin wie ich bin.« Gleich haben Sie den Gedanken wieder verworfen, ohne den Versuch gewagt zu haben, im Alltag einmal eine ganz andere Rolle einzunehmen. Schade!

Doch seien Sie getrost: Sie haben jeden Tag aufs Neue die Chance, anders zu sein. Dieses Anderssein bezieht sich nicht auf jene Eigenschaften, die Sie an sich selbst mögen. Sondern es meint meist immer wiederkehrende Denk- oder Verhaltensmuster, die Sie an sich selbst nicht so gerne haben, weil Sie vermuten: »Deswegen setze ich mich selbst unter

Druck. Deshalb ärgere oder sorge ich mich so leicht. Aus diesem Grund bin ich womöglich häufig so unzufrieden und unglücklich.«

Natürlich ist es kaum möglich, von einem Tag auf den anderen ein völlig neuer Mensch zu werden. Aber Sie können langsam, Schritt für Schritt, Ihre innere Einstellung verändern. Fangen Sie am besten gleich damit an!

Die Hauptsache dabei ist, dass Sie das Ganze zunächst als ein Spiel betrachten. Denn im Spiel haben wir die Möglichkeit, uns selbst anders zu erleben. So können wir am besten ausprobieren und lernen, uns hineinzuversetzen, hinzuhören und Zusammenhänge wahrzunehmen, die wir für den direkten Umgang mit uns selbst in der Wirklichkeit des Alltags gut gebrauchen können. Wenn Sie heute oder morgen der Wunschgedanke wieder ruft, in gewissen Alltagssituationen ganz anders sein zu können – vielleicht gelassener und zufriedener –, und wenn Sie dann bereit sind, darauf einzugehen, werden Sie den Weg und das Ziel schon sehr bald erkennen und in Zukunft mehr als bloß eine Rolle spielen. Sie werden in Ihrem Leben auch *Regie führen.*

Wie Sie dahin kommen, wollen wir erläutern und sofort mit der Praxis beginnen. Ob Sie im Büro sitzen oder in einer Behörde, etwas verkaufen, selbstständig sind oder Menschen beraten, ob Sie täglich handwerklich tätig sind oder Ideen produzieren, ob Sie zur Zeit noch studieren, arbeitslos sind oder Hausfrau oder Hausmann – in der *ersten Stufe* kommt es darauf an, dass Sie den *magischen Moment* am Morgen nicht vorbeiziehen lassen. Nehmen Sie das Leben Tag für Tag neu in die Hand.

Sprechen Sie zu sich morgens daher als Erstes die Losung: »Ich freue mich auf jeden Tag.« Beginnen Sie den Tag positiv, der vor Ihnen liegt – unabhängig von Ihrem Tagesplan und vom Wochentag. Das ist wesentlich.

Viele Menschen neigen dazu, den Tag zu beginnen, zehn Angelegenheiten gleichzeitig erledigen zu wollen und das scheinbar Dringende mit dem wirklich Wichtigen zu verwechseln. Viele Menschen haben, kaum dass sie aus dem Bett gekrochen sind, innerlich schon eine Barriere gegen das aufgebaut, was auf sie wartet. Statt gelassen in den Tag zu gehen und ihn positiv beginnen zu lassen, rekapitulieren sie alle vermeintlich unangenehmen Tätigkeiten, die ihnen bevorstehen. Sie lassen offenbar lieber über sich bestimmen und wundern sich, dass sie stressanfälliger und öfter schlecht gelaunt sind. Von Lebensfreude fehlt jede Spur. Sie stürzen sich auf die Bühne des Alltags und haben doch im Grunde schon zu allem nein gesagt. Wie soll ein Tag dann schön werden?

Es liegt also auf der Hand: Wer nicht möchte, dass ihn alles anstrengt und missmutig stimmt, muss eine Pufferzone einbauen. Diese kann so gestaltet sein, dass man nach dem Aufwachen für einen Moment innehält und eine positive Vision entwirft.

Sagen Sie also niemals am Beginn eines Tages nein oder »Ich weiß nicht« – auch dann nicht, wenn alles darauf hindeutet, dass Ihnen ein schwerer Tag bevorsteht. Besonders wichtig ist, dass Sie sich bewusst machen: »Auch dieser Tag ist ein Tag in meinem Leben.« Denn wie erwähnt, mit jedem Tag, der vergeht, wird ein Stück der Lebenszeit geschluckt. Und wer weiß im Voraus, ob nicht hier und da auch liebenswerte, reizvolle Momente zu erspähen und zu genießen sind. Es wäre doch ein Jammer, wenn wir unsere Sinne so einengten, dass wir diese Augenblicke – für die es gewiss zu leben lohnt – nicht wahrnehmen. Und es wäre noch viel bedauerlicher, wenn wir diesen Tag im Hinblick auf die von uns erwarteten Alltagsschwierigkeiten einfach verschenkten. Wir wissen ja nicht, wie viele Tage wir haben. (Denken Sie einmal darüber nach.) Erinnern Sie sich deshalb ab heute jeden Morgen daran: »Jeder Tag zählt – dieser auch!«.

Das kleine Wort mit der großen Wirkung

Geschafft! Das Ja zum Leben haben wir beherzt über die Lippen gebracht. Jetzt steht die Tür weit offen, und draußen wartet die Welt. Ein kleiner Schritt genügt, und wir stehen mittendrin. Wir blicken in den Tag. Was zeigt uns die Bühne des Lebens? Laufen im Büro schon die Telefone heiß, herrscht Hektik, erwarten uns miesepetrige Gesichter oder werden wir heute freundlich empfangen? Und was bieten wir dem Tag? Einen Menschen, der sein Lebensgefühl vom Wetter, von der Hetze, der schlechten Laune anderer Leute abhängig sein lässt? Oder entdeckt er eine Person, die ihr Lebensgefühl selbst bestimmt? Fragen wir anders: Wie schreiten Sie an einem gewöhnlichen Tag zur Tat? Ganz unter dem Eindruck dessen, was Ihnen die Welt als erstes Bühnenbild präsentiert? Oder eher mit der Absicht, unabhängig von der äußeren Wirklichkeit alles daranzusetzen, das heutige *Stück Leben* innerlich froh zu durchschreiten?

Zweifelsohne fällt es uns viel leichter, durch den Alltag zu gehen, wenn uns eine heitere Stimmung empfängt und der Himmel blau ist. Dann fühlen wir uns sofort angenommen und gut aufgehoben. Doch wäre es ein Fehler, sich davon zu sehr beeinflussen zu lassen. Bauen wir lieber darauf, unsere Nachdenklichkeit in Richtung Positivität wach zu halten. Nachdem Sie für Ihren strahlenden *»Ja«-Auftritt* den ersten Beifall des Tages ernten konnten, muss nun das Wörtchen »wie« folgen. Das Wie bildet die *zweite* zu erklimmende *Stufe* hin zum Ziel, so wenig kostbare Lebenszeit wie möglich an unangenehme Gefühle zu verschenken.

Was es auch sei, das Ihnen im Alltag zwischen Freizeit und Arbeiten begegnet, entscheidend ist nur, wie Sie es gedanklich bewerten und wie Sie darauf reagieren. Im Wie steckt die Freiheit, etwas durchzuführen, was nötig ist, sich aber innerlich zugleich eine Gasse – eine Gestaltungsmöglichkeit – für das positive Lebensgefühl freizuhalten.

Ein Beispiel: Wenn Sie am Arbeitsplatz sind, den Tisch voller Aufträge und Zeitdruck haben und Ihr Vorgesetzter außerdem Ihre Leistung nicht anerkennt, dann ist das nicht gerade motivierend, aber es ist die Tätigkeit, von der Sie leben. *Wie* Sie sich innerlich dazu stellen, ist allein Ihre Angelegenheit. Sie können es erlauben, dass sich in Ihnen ein Gefühl der Machtlosigkeit und Resignation ausbreitet – ein äußerst unangenehmes Lebensgefühl, das sich oft auf das Privatleben überträgt und auch am allgemeinen Selbstwertgefühl nagt. Ebenso können Sie das Wie aber sofort praktisch umsetzen, indem Sie

Ihren Unmut nicht länger in sich hineinfressen, sondern versuchen, einen *positiven Gegenalltag* aufzubauen.

Sie brauchen sich nur zu sagen: »Du kannst den Vorgesetzten nicht ändern, aber du kannst aufhören, dich emotional mit ihm zu beschäftigen und etwas von ihm zu erwarten. Du kannst dir selbst deutlich machen, was du dir wert bist. Du kannst eine Pro- und Kontra-Liste erstellen und prüfen, ob vielleicht doch die positiven Seiten an der momentanen Tätigkeit überwiegen. Du kannst deinen Arbeitsplatz persönlicher gestalten. Es gibt viele Möglichkeiten, sich negativen Faktoren am Arbeitsplatz weniger ausgeliefert zu fühlen, für kleine erbauliche Momentaufnahmen offen zu bleiben, bei denen man sich immer wieder bewusst macht: Außerhalb der Firma besteht noch eine andere Welt – die einen wesentlichen Teil deines Lebens ausmacht und dir sehr viel bedeutet.

Als dem Regisseur unseres Lebens liegt uns das Wie jeden Tag frei in der Hand. Das Wie im Alltag zu leben heißt, mehr auf die eigene Kreativität zu setzen als darauf, was die Gegenwart uns bietet. Das heißt aber auch: Die Zeiten sind vorbei, zu denen wir den trüben Tagen die Verantwortung dafür zuschieben konnten, dass wir trübe Gedanken hegten.

Auch der Berg zu bewältigender Arbeit darf nicht alleiniger Grund für unsere schlechte Laune sein.

Wenn Sie im Alltag ein fröhlicher Mensch sein und mehr Lust am Leben empfinden möchten, dann gilt: *Selbst aktiv werden!* Durch eine Korrektur der inneren Einstellung, durch ein paar Ideen, wie Sie die Alltagskulissen etwas fantasievoller bemalen können, und durch ein wenig Selbstkritik kennen Sie von heute an kein Was mehr, sondern nur noch ein Wie. Im Wie steckt auch, sich immer wieder zu fragen: »Wie will ich weiterleben? So – oder so? Und wie kann ich etwas dazu beitragen, dass mein Leben so oder anders wird?«

Natürlich wird nichts, was wir im Leben erreichen, perfekt sein. Jeder Daseinszustand birgt die Gefahr in sich, uns auf Dauer nicht mehr zu genügen.

Bisher haben wir also drei Einsichten gewonnen:

- In unserem Leben ist nichts vollkommen, denn wir selbst sind es auch nicht.
- Doch wir besitzen die intellektuelle Selbstständigkeit, Gewohntes einmal mit anderen Augen anzusehen.
- Wir können die Welt, in der wir leben, nicht zur idealen Welt umgestalten, doch wir können die Art und Weise bestimmen, wie wir uns selbst darin

einbringen, damit wir am Leben mehr Freude haben.

Und das lässt uns zum Regisseur werden:

- wie wir durch den Alltag gehen – ob genervt und gehetzt oder mit einem Blick für alles, was ihn liebenswert macht,
- wie wir mit Menschen umgehen – ob gedankenlos, ungeduldig, ablehnend oder interessiert und mit Würde,
- wie wir mit uns selbst umgehen – ob nach gewohnten Verhaltensmustern, die uns nicht gut tun, oder ob wir uns trauen, uns selbst einmal in Frage zu stellen und zu Einsichten zu gelangen, welche Teile unserer Persönlichkeit wir ungenutzt lassen,
- wie wir Alltagsprobleme hinnehmen – ob wir ständig darüber klagen, uns ärgern, mit Unmut reagieren oder ob wir es noch lange nicht als Grund hinnehmen, den Kopf hängen zu lassen,
- wie wir unseren Beruf ausüben – ob ständig »im Stress« mit sorgenvollem Gesicht und ständig hart gegen sich selbst oder ob wir einen »heißen Draht« zum positiven Denken besitzen, so dass wir gelassen ans gewünschte Ziel gelangen.

Übung 1
Sich den liebevollen Blick zurückzuerobern, gelingt mit einer Übung, die als kleine *Entdeckungsreise* durch den Tag konzipiert ist: Lassen Sie sich inspirieren! Überlegen Sie, welche Kleinigkeiten des Alltags für Sie wertvoll sind. Lassen Sie sich Zeit und halten Sie nach den unscheinbaren, oft für selbstverständlich gehaltenen Glücksmomenten Ausschau. Solche Augenblicke können sein: ein Gang durch den Garten / der Duft von frischen Brötchen / wenn die Kastanien unter den Bäumen liegen / ein Telefongespräch mit einer Freundin / das Gefühl, gute Arbeit geleistet zu haben / das Nachhausekommen … Schreiben Sie auf, was Sie als Ihre persönlichen kleinen Freuden des Alltags empfinden, um zu sehen, wie viele positive Eindrücke Sie dem Grau eines Tages hinzufügen können.

Denken wir nicht manchmal, dass alles, was wir tagsüber erleben, Routine und nichts Besonderes mehr sei? Lernen Sie sich wieder etwas mehr darauf zu besinnen, was Sie alles an Schönem umgibt und welche Möglichkeiten Sie haben, aus dem Tag wieder ein spannendes Stück Leben werden zu lassen. Auf diese Weise kehrt auch das Staunen zurück und möglicherweise empfinden Sie eine neue Dankbarkeit Ihrem Leben gegenüber!

Sie sind das, was Sie selbst aus sich machen

Was wäre das Leben ohne Erinnerung, ohne die Bilder aus verflossenen Tagen! Gerne denken wir an den Morgen unseres Lebens, die Kindheit, die verliebten Jahre zu zweit, die Jahre mit guten Freunden, die aufregenden, die friedvollen, die besten Jahre. Der Glanz, in dem schöne Erinnerungen erstrahlen, verleiht uns ein sonniges Gemüt und ist am Abend des Lebens das Leuchten, das unser Herz erwärmt.

Ganz anders sieht es aus, wenn schlechte Erfahrungen statt der guten im Vordergrund stehen – eine schwere Kindheit, verlassen worden zu sein, einen Menschen verloren zu haben, enttäuschte Hoffnungen, Niederlagen, Unglücksfälle. Wen die Erinnerung an ein Gestern nicht loslässt, in dem er Kränkung und Schmach, Not und Leid erdulden musste, dem fällt es nicht immer leicht, dem Heute gegenüber aufgeschlossen zu sein.

Aber zugleich drängt sich die Frage auf, ob es denn tatsächlich erstrebenswert wäre, im Leben nur gute Erfahrungen zu sammeln. Denn im Heute stehen wir als der Mensch, der wir geworden sind, mit allen Prägungen und Besonderheiten, die zu uns gehören und die uns kennzeichnen. Und schon begreifen wir, woran es uns mangeln würde: Wir hätten weniger persönliche Substanz. Wir wären oberflächlicher im Empfinden und Handeln. Umfangen von nur beglückenden Erinnerungen, könnten wir sie wohl kaum entsprechend schätzen, da uns zu Vergleich und Orientierung unangenehme Erinnerungen fehlten.

Vielleicht ergeht es Ihnen ähnlich: An manchen Tagen sehne ich mich heimlich zurück nach der Zeit, in der das Leben noch von schmerzlichen Erfahrungen frei war. Wie leicht fiel es, unbeschwert zu sein! Wie fremd waren Hintergedanken. Um wie viel spontaner und mutiger ging man auf alles zu!

Nun, nichts lässt sich ungeschehen machen. Wir vermögen unsere persönliche Geschichte nicht neu zu schreiben. Wir müssen damit leben, was war. Und je nachdem, was uns im Leben begegnet, wird es uns einmal leichter, einmal schwerer fallen, denn wir sind selbst manchmal stark und manchmal schwach. Was wir aber erreichen können, ist, mit jedem neuen Tag zu sagen: »Ich will trotz allem froh sein« und »Jetzt erst recht!« Denn jeder Tag gibt uns die Chance, innerlich einen neuen Abschnitt zu beginnen. Dieses ist eine weitere Stufe auf der Treppe zu einem freudigen Grundgefühl im Alltag: unsere seelische Tätigkeit mehr zu beobachten, zu versuchen, sie zu dirigieren, und uns darin üben, über das negative Gestern hinwegzukommen. Blicken wir ständig zurück und unternehmen nichts dagegen, dass sich unsere Innenwelt immer wieder mit betrüblichen Vorkommnissen von früher beschäftigt, dann bleiben wir in Gram und Kümmernis verstrickt. Und die Gegenwart zieht an uns vorbei, ohne dass wir sie je ganz auskosten konnten.

Lernen Sie, Ihr Leben im Hier und Jetzt zu genießen und alles abzugeben, was keine heilsame Erfahrung für Sie bedeutete. Das bedeutet den Sprung in die Freiheit! Werfen Sie also Ballast ab, jeden Tag. Und gehen Sie mit dem Mut zur Befreiung in Ihre positive Zukunft. Wenn Sie dies beherzigen, sind Sie von heute an gut gerüstet.

➤ Kurzprogramm
Lieber fröhlich als mürrisch in den Tag

Einige Möglichkeiten zur Anregung

- An diesem Tag will ich nur die Rolle spielen, die mir am besten gefällt, denn so schaffe ich mir viele heitere und befriedigende Momente.
- Ich mache mir am Morgen eine Minute lang bewusst, dass es heute in meiner Macht steht, die Tür zum Glücklichsein aufzustoßen. Also will ich keine Zeit verlieren und etwas dafür unternehmen!

- Ich beginne meine Aktivitäten voll Unbefangenheit und erwarte keine Wunder.
- Heute sende ich an meine Umwelt positive Signale, indem ich überall dort, wo ich bin, ein bisschen für fröhliche Stimmung sorge, Komplimente verschenke oder scherze und mich für die Menschen interessiere, denen ich begegne.
- Bei allem, was ich heute tagsüber zu lösen habe, halte ich mich getreu an die Äußerung des Philosophen Ernst Bloch: »Man muss in das Gelingen verliebt sein, nicht in das Scheitern.«

Auf welche Weise konnte ich mein heutiges Motto in die Tat umsetzen?

Welche Gefühle und welche Erfahrungen hatte ich währenddessen?

Was kann ich bereits morgen unternehmen, damit die angenehmen Gefühle und erfreulichen Erfahrungen von heute zukünftig zu einem festen Bestandteil meines Alltags werden?

2. Tag

»Im Beruf
sich selbst einbringen«

Die Zeit kommt aus dem Nichts und geht ins Nichts. Wir sind physisch und daher zeitlich begrenzt und wissen nur, dass wir die Zeit nicht festhalten können. Deshalb stellt sich die Frage: Wie gehen wir um mit der Zeit, die uns zur Verfügung steht, speziell mit der Arbeitszeit? Nicht selten ist es eine Art Spagat, den die Arbeitswelt von uns fordert: Einerseits müssen wir dem Zeit- und Leistungsdruck standhalten, andererseits wird von uns verlangt, dass wir stets kommunikative und freundlich-aufgeschlossene Mitarbeiter darstellen, immer höflich und mit angenehmer Ausstrahlung. Um all diesen Anforderungen entsprechen zu können, benötigen wir eine starke positive Lebenseinstellung. Sie sollte dem Zweck dienen, die Zeit, die wir am Arbeitsplatz verbringen, nicht als verloren, sondern als Facette des Tages und als angenehmes Lebensgefühl zu erfahren.

Sonst verschenken wir zahllose Stunden unseres Lebens, die genauso lebendig und erfüllt sein könnten wie die freien Stunden!

Sprechen wir deshalb über die Lebenslust am Arbeitsplatz. Zwei Ansätze erwiesen sich dazu als besonders bedeutsam: die *Selbstmotivation* und die *Ei-*

genverantwortung. Beide lassen sich nicht nur für den Berufsalltag, sondern auch für eine durch positives Denken geprägte Lebensführung anwenden.

Selbstmotivation und Freude am Beruf

Sich nach Bedarf motivieren zu können bedeutet hier, dass wir der vielerorts vorherrschenden »Umsatz-Umsatz-Mentalität« eine in uns selbst erzeugte Positivität entgegensetzen können. Menschen, die sich motivieren können, behandeln sich selbst souveräner und sind dem Leistungsanspruch, der im Alltag an sie gestellt wird, weniger ausgeliefert, weil sie sich innerlich damit stärken, sich selbst einen schönen Tag zu wünschen. Und das lässt sich erlernen.

Unbestreitbar tritt im Berufsleben manches auf, das durch Selbstmotivation nicht in freundlicherem Licht erscheint. Und doch lässt sich der Alltag durch Selbstmotivation versüßen, auch wenn die Tätigkeit, die man ausübt, nicht gerade »das Gelbe vom Ei« ist.

Persönlichkeitsentfaltung im Beruf ist ein erheblich motivierender Faktor. Ob über kommunikatives Auftreten, Hilfsbereitschaft, Humor, Herzlichkeit – Ihre individuelle Persönlichkeit sollte bei Ihrer Tätigkeit in Erscheinung treten dürfen. Hat man außer dem Gehalt keinen weiteren Antrieb mehr, ist es nicht verwunderlich, dass man den Arbeitsalltag nur noch als Tretmühle erlebt. Wer sich im Beruf täglich »gegen den Strich bürsten« muss, weil er in seiner Beschäftigung außer dem materiellen keinen anderen Anreiz mehr findet, hat wenig Chancen, ein lebenslustiger Mensch zu werden.

Überlegen Sie deshalb doch einfach einmal, welche sympathische Seite Ihr Beruf bzw. Ihre Tätigkeit hat. Ist diese Seite noch vorhanden? Zählen Sie, auf der Suche nach mehr Lebensfreude im Berufsalltag, die positiven Aspekte auf, die Ihnen an einem gewöhnlichen Tag begegnen. Dabei sei ein kleiner Kniff angewandt: Denken Sie an Ihre Jugend. In welcher Rolle haben Sie sich damals am wohlsten gefühlt? Oder was konnten Sie am besten? Überlegen Sie, wann Sie zum ersten und wann zum wiederholten Male zugestimmt haben, sich in Bezug auf Ihre wahren Interessen zurückzustellen. Denn das heißt, dass Sie Ihre eigentlichen Qualitäten und das, was Sie am liebsten und am besten durchführen, als zweitrangig eingestuft haben. Wenn Sie die Fragen für sich beantwortet haben, vergleichen Sie die Ergebnisse mit der gegenwärtigen Situation und damit, wie viel Sie davon noch zum Ausdruck bringen können. Wie sieht es aus?

Werden Sie sich dessen bewusst, dass Sie auch im Arbeitsalltag das Zepter fester in die Hand nehmen können. Denn hier finden sich mehr Möglichkeiten, als man denkt, für sich selbst etwas zu verändern und das Lebensgefühl vorteilhafter zu beeinflussen.

Eigentlich wissen wir genau, was uns gut tut, was wichtig und richtig für uns ist und was uns motiviert – nur handeln wir oft gegenteilig. Kristallisieren Sie es daher noch einmal für sich heraus und denken Sie darüber nach, wo Ihre Stärken liegen, wo Ihre Talente und welche Ihre größten Interessen sind. Denn das Selbstbild verfälscht sich im Laufe der Jahre. Wir wissen oft gar nicht mehr recht, was in uns steckt. Es »hervorzukramen« heißt, wieder einen Blick dafür zu bekommen, wie Sie Ihren Berufsalltag freudig zu beleben und wodurch Sie sich selbst neu zu motivieren vermögen.

Einige Beispiele für Argumente und Überlegungen, die Sie motivieren, lauten etwa so: »Ich kann mir vor Augen führen, dass ich eine qualitätsvolle Arbeit leiste beziehungsweise an der Herstellung sinnvoller Produkte mitwirke – das motiviert. Sollten zur Zeit lobende Rückmeldungen, Aufmerksamkeit und Dank ausbleiben, so kann ich wieder dafür sorgen, dass es so wird, denn positives Feedback – das motiviert. Ich vermag mich darauf zu konditionieren, Chancen schneller wahrzunehmen, mir neue Ziele zu setzen, interessantere Aufgaben zu übernehmen und nicht immer nur den Weg des geringsten Widerstandes zu gehen – das motiviert. Ich kann mich um liebenswürdige Kollegen kümmern, Erfolge mit ihnen gemeinsam feiern oder mit anpacken, wenn es nötig ist, denn der menschliche Sympathiefaktor – der motiviert. Ich kann trainieren, mich mental aus der Anspannung herauszulösen, indem ich im schlimmsten Moment kurz innehalte und mir sage: Komm, nimm alles ein bisschen weniger ernst, dann läuft es doch genauso gut und du lebst länger. Gegen Stress hilft nur eine positive Sichtweise – und die motiviert.«

Bei der Analyse Ihrer Tätigkeit sollten Sie nicht vergessen, auch in sich selbst hineinzuschauen. Was nützt ein hohes Einkommen, wenn wir unserer Tätigkeit immer weniger abgewinnen können und innerlich bereits gekündigt haben? Überlegen Sie, welche *Gestaltungsmöglichkeit von innen her* Sie noch nicht ausgeschöpft haben. Sollte es allerdings so weit gekommen sein, dass Ihnen zu diesem Thema gar nichts Konstruktives mehr einfallen will, rate ich Ihnen zu einem Szenenwechsel.

Eigenverantwortung – handeln statt dulden

Die tägliche Wirklichkeit am Arbeitsplatz lässt sich nur schwerlich durch einen »Weichzeichner« betrachten, wenn die Atmosphäre in der Firma vergiftet ist. Immer mehr Berufstätige klagen über Firmen, in denen ein gegnerisches Betriebsklima herrscht. Natürlich haben solche Verhältnisse eine hohe Unzufriedenheit zur Folge. Bei nicht wenigen Beschäftigten führt dieser tägliche Reibungsfaktor zu seelischen und körperlichen Stressreaktionen.

Allgemein werden uns die Illusionen genommen, denn der Nährboden für ein härter werdendes Konkurrenzdenken ist bereitet, weil die guten Stellungen und Aufstiegschancen nicht mehr so breit gestreut sind wie früher. Trotzdem bleibt zu fragen, ob wir heute nicht zuweilen die Orientierung verloren haben, wenn wir glauben, uns in einem Arbeitsklima längerfristig aufhalten zu müssen, in dem Heimtücke an der Tagesordnung ist.

Für eine positive Lebenshaltung ist dies eine denkbar schlechte Voraussetzung – darauf kann, beim besten Willen, kein Optimismus gedeihen. Denn Jahr für Jahr in einem schlechten Betriebsklima auszuharren, kann dazu führen, dass man eines Tages selbst zum Negativisten und Zyniker wird.

Vergessen wir doch nicht: Wir leben trotz alledem in einer so interessanten Zeit. Uns stehen in Hinsicht auf Weiterbildung und beruflichen Neubeginn viele Möglichkeiten offen. Wir sollten diese Chancen nutzen, dürfen uns von den wirtschaftlichen Veränderungen nicht abschrecken lassen. Vielmehr sollten wir versuchen, uns mit zu verändern. Denn nur mit dem Mut zur Veränderung bleiben wir innerlich beweglich. Und wenn es sein muss, können wir unsere Arbeitskraft eben auch anderswo verkaufen – dort, wo es menschlicher zugeht. Dieser Denk- und Handlungsansatz ist als Orientierungshilfe gedacht, um sich im Arbeitsleben *nicht zum Opfer* degradieren zu lassen, sondern mehr den eigenen Stärken zu vertrauen und sich seiner *Möglichkeiten als Handelnder* bewusst zu werden.

Neid und Bosheit, Klatsch und Tratsch bestanden schon immer und werden im Bereich des Menschen wohl auch immer bestehen. Das eigentliche Problem scheint eher darin zu liegen, dass viele Menschen zu mutlos geworden sind, um gewohnte Bahnen zu verlassen, und sich damit abgefunden haben, mit ständigem Unbehagen an ihren Arbeitsplatz zu gehen. Nicht wenige zahlen einen hohen Preis dafür. Bedrückend ist, dass nur wenige, die unter den Folgen psychischer Belastung am Arbeitsplatz zu leiden haben, bisher ernsthaft daran dachten, etwas zu ändern. Also wird tapfer ausgeharrt und obwohl sie über den zunehmend negativen Einfluss ungehalten sind, haben sie doch die Rolle des Opfers längst akzeptiert. Als Erwachsene kommen wir damit nicht weiter. Niemand schenkt uns deswegen mehr Anteilnahme oder Streicheleinheiten – wie seinerzeit als Kind. Im Gegenteil, damit senden wir Opfersignale an Mitarbeiter und Vorgesetzte und bringen übelwollende Zeitgenossen erst auf die Idee, in uns einen Menschen zu sehen, dem man ja einiges zumuten kann. Lassen Sie das nicht zu, denn so wächst man immer tiefer in die Opferrolle hinein und richtet, ungewollt und unbemerkt, sein ganzes Verhalten darauf aus, bis man es sich schließlich nicht mehr anders vorstellen kann.

Wer seine Eigenverantwortung abgibt, durch Ausflüchte ersetzt oder ständig Menschen und Zwänge als für seine Lage verantwortlich sieht, sollte sich rechtzeitig fragen, ob er die Rolle des Opfers nicht sogar selbst angenommen hat. Es gilt zu erkennen, dass jeder für sich selbst, für das, was er ausführt oder lässt und was er zulässt, am Ende allein die Verantwortung trägt – auch im Berufsleben.

Prüfen Sie daher: Welche Ziele habe ich im Leben? Was geht momentan vor sich? Und wenn Sie erkennen, dass Sie unter Ihrem Alltag leiden, versuchen Sie lieber heute als morgen, das Ruder wieder selbst in die Hand zu nehmen.

Was ist zu tun? Übernehmen Sie die Rolle des »Machers«. Lassen Sie Ihr Leben wieder zu einem Abenteuer werden, wagen Sie sich zu neuen Ufern. Hören Sie nicht auf, sich nach einer Tätigkeit umzusehen, die Ihnen entspricht und Vergnügen bereitet. Haben Sie Geduld und seien Sie zuversichtlich, Sie werden sie finden. Geben Sie nicht auf, lassen Sie den Mut nicht sinken – auch dann nicht, wenn Sie als Frau mit Doppelbelastung manchmal nicht mehr wissen, wie Sie den Ansprüchen gerecht werden können, oder wenn die Verantwortung als Familienvater und einzigem Ernährer auf Ihren Schultern lastet. Resignieren Sie nicht, wenn Sie arbeitslos geworden sind, Ihr Schiff zur Zeit auf dem Trockenen liegt und Sie sich gänzlich verlassen fühlen.

Hüten Sie sich vor allem vor Gedanken wie: »Ich kann das nicht«; »Das machen die anderen doch auch nicht«; »Das wurde doch schon immer so gehandhabt«. Die einzige Absicht dieser gefährlichen *Denkfallen* ist es, Sie da festzuhalten, wo Sie zur Zeit stehen, selbst wenn das für Sie einen Nachteil oder Ihr Unglück bedeuten würde. Wer sich aus Denkfallen nicht befreien kann, für den ändert sich nichts. Räumen Sie also zuerst die Begrenzungen im eigenen Kopf zur Seite und trauen Sie sich mehr zu. Und seien Sie konsequent darin.

Machen Sie sich immer klar: Sie allein tragen die

Verantwortung Ihrem Leben gegenüber und es ist »Ihre Zeit«, die gegenwärtig stattfindet. In diesem Sinne gilt: Schieben Sie nichts auf. Fangen Sie am besten heute noch an. Machen Sie sich selbst zu einem heiteren und zufriedenen Menschen, im beruflichen wie im privaten Bereich.

Kurzprogramm
Lieber gut gelaunt als verdrossen im Job

Einige Möglichkeiten zur Anregung

- An diesem Tag will ich den Anforderungen, die im Berufsleben an mich gestellt werden, meinen eigenen Faktor innerer Positivität entgegensetzen.
- Belastung und Hektik können mir nichts anhaben, denn ich werde mir heute mehrfach verdeutlichen, dass dies ein Tag in meinem Leben ist. Um mir selbst den Rücken zu stärken, suche ich mir dort, wo es möglich ist, eine Nische, in der ich meine Persönlichkeit zum Ausdruck bringen kann – sei es, dass ich mein Gegenüber wohlwollend und herzlich behandle oder dass ich für meine Kollegen menschlich ein Gewinn bin.
- Ich nutze heute den »Ritual-Kniff« und lege kleine Arbeitspausen ein, in denen ich mich »aufladen« kann. Während der Pausen esse ich nicht nur

einen kleinen Imbiss, sondern mache mir bewusst, was mir im Leben wichtig ist. Ich vergegenwärtige mir, dass ein wahrer Optimist in jeder Schwierigkeit eine Möglichkeit sieht (und nur ein Pessimist in jeder Möglichkeit eine Schwierigkeit).

- Ich bin nicht bereit, zum Opfer zu werden – auch nicht des Geldes wegen. Und sollte ich bemerken, dass ich nur deshalb mit meinem Leben unzufrieden bin, weil ich nicht den geeigneten Beruf habe oder nicht in der entsprechenden Firma arbeite, denke ich heute einmal ernsthaft darüber nach, welche Chancen mir der Arbeitsmarkt anderweitig noch bietet.

Auf welche Weise konnte ich mein heutiges Motto in die Tat umsetzen?

Welche Gefühle und welche Erfahrungen hatte ich währenddessen?

Was kann ich bereits morgen unternehmen, damit die angenehmen Gefühle und erfreulichen Erfahrungen von heute zukünftig zu einem festen Bestandteil meines Alltags werden?

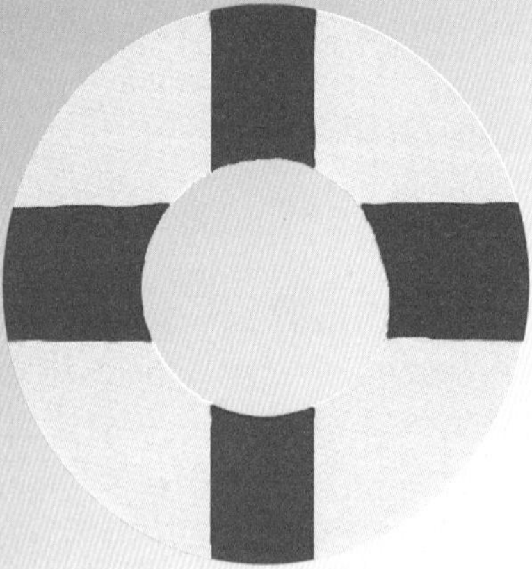

3. Tag

»Ich unternehme immer den ersten Schritt«

Bekennen Sie sich zu einem neuen Menschentyp

Während der vergangenen tausend Jahre hat der Mensch viel dazugelernt, aber eines weiß er immer noch nicht recht: weshalb er »menschenfreundlich« sein soll. Wer gutmütig und gutherzig ist, wer sich den Mitmenschen gegenüber auffallend höflich und wohlwollend verhält, wird von den wenigen, die es zu schätzen wissen, zwar gemocht. Die anderen aber belächeln ihn dafür, weil sie ihm misstrauen und dieses Verhalten als Schwäche, manchmal auch als Dummheit auslegen.

Jeder wünscht sich im Grunde seines Herzens, dass alle liebenswürdiger und menschlicher miteinander umgingen. Aber kaum jemand wagt den ersten Schritt. Und jeder fragt sich natürlich, welcher Art denn der Lohn sei, den er erhält, wenn er das Freundlichsein als Erster zur Tugend werden lässt, obschon andere abweisend sind.

Der »Durchschnittsmensch« orientiert sich, wenn auch unbewusst, an Persönlichkeitsidealen, wie die Bilderwelten visueller Medien sie vorzeigen: Wenn wir »cool« und »tough« auftreten und frech sind, setzen wir uns im Leben besser durch, als wenn wir rücksichtsvoll und umgänglich sind. Entspricht Rücksichtslosigkeit auch dem Zeitgeist, lassen Sie sich trotzdem nicht davon verunsichern. Wagen Sie Ihren eigenen Weg, wenn Ihnen die Art jener, die nur mit Rivalitätsdenken durch den Alltag gehen, nicht gefällt. Wagen Sie den ersten Schritt und bewegen Sie sich fortan konsequent in Richtung Freundlichkeit, denn nur das ist innovativ.

Hier sei nicht dem grenzenlosen Optimismus und der Freundlichkeit um jeden Preis das Wort geredet. Das wäre ein Missverständnis. Freundliches Verhalten muss echt sein und Ihrem Bedürfnis entsprechen. Ich will Sie auch nicht dazu animieren, die linke Wange hinzuhalten, wenn Ihnen jemand schon auf die rechte schlug. Es geht darum, durch eigenes Auftreten mehr Menschlichkeit zu verbreiten. Die anschließende *Smile-Strategie* mag Ihnen im Alltag dabei behilflich sein.

Die Smile-Strategie

Strategien sind Handlungskonzepte, die ein Ziel ansteuern und den Aspekt der inneren Überzeugung und Mitwirkung in sich tragen. Eine Strategie kann nur erfolgreich sein, wenn man von ihr überzeugt ist, daher ist es sinnvoll, diese Strategie zu leben – immer, um mit ihr zu verwachsen.

Erleichtern Sie es sich doch. Um zu lachen, brauchen Sie nur siebzehn kleine Muskeln Ihres Gesichts anzuspannen. Aber eine miesepetrige Miene strengt rund vierzig Muskeln um Augen, Mund und Nase vergeblich an. Denn was bewirkt sie? Nichts! Bauen Sie daher öfter auf Humor und setzen Sie ihn ein – auch in düsteren Augenblicken, wenn es kritisch wird und sich Spannungen ankündigen. Das Lachen, das Sie initiieren, ist das einfachste und wirkungsvollste Mittel, den eigenen aufkeimenden Groll aufzulösen, die Aggressivität anderer abzuschwächen und eine Brücke herzustellen, die das konstruktive Miteinander ermöglicht. Und Lachen ist gesund! Lachen kann man trainieren. Wenden Sie es im Alltag an, indem Sie beispielsweise

»Ich lache, denn Lachen ist Medizin«

- *einmal täglich* über sich selbst lachen; das befreit, man nimmt sich selbst nicht mehr so wichtig und große Sorgen erscheinen dadurch viel kleiner
- *einmal täglich* ein »Witzprogramm« mit dem Lebenspartner, den Kindern oder mit Freunden absolvieren, herumalbern, lachen, bis der Bauch fast schmerzt und vor Freude Tränen fließen; das baut Spannungen ab, ist die einfachste Art, sich auszu-

leben, und lässt Sie gegenüber der Unfreundlichkeit anderer widerstandsfähiger werden.

Lächeln Sie von innen heraus. Seien Sie ein »Geber«, wenn Sie in Ihrem Leben mehr Freundlichkeit und Wärme erfahren möchten. Denn was wir erwarten, müssen wir auch bereit sein zu geben. Zeigen Sie anderen, dass Sie die Menschen mögen. Wenn Sie es im Alltag vorleben und sich menschlich verhalten, beeinflussen Sie das emotionale Klima der Gemeinschaft. Begegnen Sie der Welt mit einem stillen Lächeln,

»Ich zeige Herz, denn Herz ist Trumpf«

- indem Sie andere Menschen so behandeln, wie Sie selbst auch behandelt werden möchten,
- indem Sie gegenüber der Andersartigkeit von Individuen tolerant sind,
- indem Sie hinsichtlich der Fehler anderer Menschen Nachsicht üben; das beinhaltet zugleich Geduld zu haben, wenn jemand sich nicht sofort wie erwartet verhält, und verzeihen zu können,
- indem Sie am Schicksal anderer Menschen Anteil nehmen; das schließt die Hilfsbereitschaft mit ein, wenn jemand Probleme hat, Trost, Mut oder Unterstützung braucht.

Worte und Gesten, denen ein Lächeln innewohnt, nehmen jeder Kommunikation die Schwere und sind ein Signal für freundliche Gesprächsbereitschaft.

Sie erleichtern das Aufeinanderzugehen. Setzen Sie auf das höfliche Wort und gute Umgangsformen. Denn wer sich anderen gegenüber taktvoll verhält und Menschen mit Respekt behandelt, verleiht nicht nur dem eigenen Auftreten mehr Würde, er ist auch gegen die Willkür unhöflicher Menschen besser gefeit. Seien Sie daher höflich, auch wenn Ihre Umgebung es einmal nicht ist, und werten Sie den Tag damit für sich auf. Sie kennen doch das Rezept: Es kommt nicht so sehr darauf an, »was« man ausführt, sondern »wie« man es ausführt. Wesentlich ist,

»Ich bin höflich, denn Höflichkeit ist Lebensart«

- *wie* Sie auf Leute zugehen, sie begrüßen und sich vorstellen, wenn Sie zu einer Runde stoßen – ob beiläufig und an den Menschen wenig interessiert oder engagiert, aufmerksam und neugierig,
- *wie* Sie einen nahestehenden Menschen kritisieren – ob Sie Ihren Partner, Ihre Kinder, Ihre Freunde angreifen und verletzen oder ob Sie sie ohne Tadel darauf aufmerksam machen, was Ihnen persönlich missfällt, und dabei nicht versäumen, sich »an die eigene Nase zu fassen«,
- *wie* Sie sich gegen Unverschämtheit und Frechheit wehren – ob Sie emotional reagieren und beleidigend werden oder sachlich argumentieren und sich mit gewitztem Charme einbringen.

Ärger ist ungesund

Sind Sie leicht aus der Ruhe zu bringen? Werden Sie schnell wütend, oder sind Sie beleidigt, wenn sich jemand nicht so verhält, wie Sie es sich wünschten? Haben Sie Ihre Gefühle unter Kontrolle, wenn jemand derb auftritt oder pedantisch und rechthaberisch ist? Sie werden denken: »Wer ist darüber schon erhaben?« Manchmal ist es zwar verständlich, doch braucht es nicht so weit zu kommen. Eine optimistische Lebenseinstellung ist nichts Passives, sie hat auch eine aktive und durchaus praktische Komponente. Sie ist wie ein Werkzeug, das Sie einsetzen können, um auf die eigenen Gefühle Einfluss zu nehmen.

Der Tag kann noch so gut begonnen haben, und die Absichten können die besten sein – immer wieder begegnen uns Menschen, die uns die Stimmung verleiden wollen. Dabei möchten wir uns nicht ärgern. Doch der wesentliche Grund, warum wir uns trotzdem über das Verhalten anderer Menschen entrüsten, ist, dass unsere *Erwartungen*, die wir mit anderen Personen verbinden, nicht erfüllt werden. Prompt beginnen wir damit, das unerwartete Verhalten der anderen als Affront zu interpretieren. Erst dadurch entsteht das Gefühl des Gekränkt- und Verletztseins, wachsen Wut und Enttäuschung, die uns nicht mehr loslassen. Dabei verlieren wir nicht nur sehr viel psychische Energie, mit jedem Mal mehr büßen wir auch etwas von unserer emotionalen Offenheit und unserem guten Willen ein. Das Einzige, was wir hinzugewinnen, wenn wir uns aufregen, sind Selbstzweifel, Misstrauen und das Gefühl, Schwierigkeiten zu haben. Und solche Empfindungen zehren an uns und entmutigen uns auf die Dauer.

Überlegen Sie deshalb, wie viel Energie Sie für Wichtiges sparen könnten, wenn Sie sich vom Ärger nicht mehr bezwingen ließen. Gewiss ist Ihnen klar, dass Sie andere Menschen nicht ändern können, auch wenn Sie zuweilen glauben mögen, die Persönlichkeit anderer, vor allem nahestehender Menschen beeinflussen zu können – Ihr Unmutsgefühl lässt sich auf diese Weise nicht verringern. Um sich weniger zu ärgern, müssen *Sie* den ersten Schritt tun und bei sich selbst anfangen.

Verändern Sie Ihre Reaktionen. Versuchen Sie, auf Ihr Gefühl des Ärgers Einfluss zu gewinnen. Lassen Sie es gar nicht erst so weit kommen, dass es sich aufbauen kann, beziehungsweise bauen Sie es ab, ehe Sie davon überwältigt werden. Der erste Schritt dazu mag darin liegen, Ihre Erwartungen an jene Menschen, die Ihnen am meisten Unliebsames bereiten, deutlich zu senken: »Wer weniger erwartet, ist weniger enttäuscht und wird öfter angenehm überrascht.« Den zweiten Schritt dazu bildet das anschließende Anti-Ärger-Programm.

Das Anti-Ärger-Programm

Vergegenwärtigen Sie sich: Es ist allein Ihre Entscheidung, sich zu ärgern oder nicht! Sagen Sie sich deshalb: »Ich entscheide mich dafür, mich nicht zu ärgern.« Setzen Sie jedes Mal ein optimistisches Gegenprogramm ein, zum Beispiel: »Sobald ich merke, dass ich mich ärgere, beginne ich lieber zu singen oder zu pfeifen.«

»Ich habe keine Lust, mich zu ärgern«

Führen Sie sich vor Augen: Wie sich ein anderer Mensch verhält, was er sagt oder wie er sich benimmt – es muss nicht den geringsten Zusammenhang mit Ihnen haben. Erst wenn Sie selbst entscheiden, es als böswillig anzusehen, wird es zu Ihrem Ärgernis. Sagen Sie sich daher: »Ich interpretiere nichts in den anderen hinein.« Gehen Sie etwa so zum optimistischen Gedankenprogramm über: »Sobald ich bemerke, dass ich überlege, ob mich ein anderer ablehnt oder mir schaden will, denke ich gezielt an etwas Positives.«

»Ich beziehe das Verhalten anderer nicht auf mich«

Sehen Sie es einmal von dieser Seite: Anstatt sich an den Gedanken zu klammern, dass ein anderer Sie gekränkt habe, weil er Ihre Erwartungshaltung nicht erfüllte, ist es gesünder, sich selbst nicht so wichtig zu nehmen. Sagen Sie sich also: »Ich kann mich von meinen Erwartungshaltungen loslösen.« Bauen Sie sich Gedankenbrücken solcher Art: »Ehe ich den Ärger in mich hineinfresse, gehe ich lieber aus mir heraus und bewege mich ein Stück auf den anderen zu.« Greifen Sie beispielsweise auf dieses optimistische Gegenprogramm zurück: »In der Sekunde, in der ich bemerke, dass sich Ärger aufstaut, versuche ich einem Menschen bei seinen Problemen zu helfen und das Gefühl zu bekommen, eine gute Tat vollbracht zu haben. Dann geht es mir auch wieder besser.« Sagen Sie beispielsweise dem Vordrängler an der Supermarktkasse augenzwinkernd: »Sie haben es sicher sehr viel eiliger als wir alle – bitte schön.«

»Ich nehme mich selbst zurück«

Kein Ärger kann so stark sein, dass er sich nicht mit etwas positivem Denken als geringfügig betrachten ließe. Zu Bedeutsamerem ins Verhältnis gesetzt, wird jeder Anlass sofort weniger schwerwiegend. Sagen Sie sich deshalb: »Ich relativiere, was geschah.« Gebrauchen Sie Gedankenbrü-

»Ich spiele den Ärger herunter«

cken wie: »Der Anlass ist es nicht wert, sich daran festzubeißen und Zeit damit zu verschwenden.« Das optimistische Gegenprogramm lautet: »Ich heile mich selbst von Ärgergefühlen, indem ich mir sage, was ich mir selbst wert bin.«

➤ Kurzprogramm Lieber den Alltag auflockern als darüber stöhnen

Einige Möglichkeiten zur Anregung

- An diesem Tag will ich mich nicht daran stoßen, unbequeme Angelegenheiten erledigen zu müssen, sondern lasse mir neue Ideen einfallen, wie ich Notwendigkeiten annehmbarer gestalte.
- Wenn ein Berg Hausarbeit wartet, eine längere Fahrt in Auto oder Zug oder mehrere Stunden im Flugzeug anstehen, kann ich heute statt der üblichen Geräuschkulisse Hörbücher oder Gespräche über Sachthemen auf Kassette oder CD anhören. So werde ich unterhalten, ohne mich unterhalten zu müssen.
- Ich bekämpfe meine Unlust, indem ich mir heute zwischendurch etwas gönne und in meinem Arbeitspensum keine »Zwangsveranstaltung« sehe – sei es, dass ich einfach alles stehen und liegen lasse und eine halbe Stunde spazieren gehe oder

mich in ein Straßencafé setze, um loszulassen und aufzutanken. Denn danach geht alles umso besser von der Hand.

- Ich weiß, was mich tagsüber oder abends fröhlich stimmt. Diese Momente führe ich mir immer wieder vor Augen, koste sie in Gedanken aus oder spreche in Vorfreude darüber. So bekommt alles, was mich heute anstrengt, eine Dosis Freude davon ab.

Auf welche Weise konnte ich mein heutiges Motto in die Tat umsetzen?

Welche Gefühle und welche Erfahrungen hatte ich währenddessen?

Was kann ich bereits morgen unternehmen, damit die angenehmen Gefühle und erfreulichen Erfahrungen von heute zukünftig zu einem festen Bestandteil meines Alltags werden?

4. Tag

»Ich rede mir gut zu«

Unsicherheit und Ängste abbauen – das Selbstbewusstsein stärken

Kennen Sie das? Allein bei dem Gedanken an den nächsten Tag breitet sich ein mulmiges Gefühl von der Magengegend her aus. Denn es ist so weit, morgen steht Ihnen eine Situation bevor, in der Sie all Ihr Wissen und Können unter Beweis stellen müssen. Morgen halten Sie einen Vortrag oder Sie haben einen Termin für ein wichtiges Bewerbungsgespräch und möchten auf jeden Fall überzeugend auftreten und einen guten Eindruck hinterlassen. Oder es steht Ihnen eine Prüfung bevor und Sie wünschen sich, alles schon hinter sich und mit Bravour bestanden zu haben. Sie treffen am Abend sämtliche Vorbereitungen für den nächsten Tag, gehen zu Bett und versuchen zu schlafen. Doch jetzt, wo alles vorbereitet ist und Sie beruhigt einschlafen könnten, liegen Sie wach. Ihre Gedanken kreisen nur noch um das eine Thema: »Werde ich es schaffen? Was ist, wenn ich versage, ich vor lauter Aufregung zu stottern beginne oder mir plötzlich nichts mehr einfällt?« Sie wälzen sich im Bett herum und denken: »Alles Unsinn, ich muss endlich schlafen!« Doch es wird immer später und Sie ärgern sich immer mehr über sich selbst, denn Sie sind noch damit beschäftigt, sich vorzustellen, was alles misslingen könnte.

Ängste und Unsicherheitsgefühle gedeihen immer da am besten, wo ein Hang zum Pessimismus besteht. Unangenehme Gedanken ziehen Angst wie Magneten an. Und doch sind Angstgefühle etwas Normales und sogar Lebensnotwendiges. Denn Ängste sind ein programmiertes Reaktionsmuster. Ohne Angst wären wir ohne Warnsystem und liefen in jede Gefahr. Durch die Angst sind wir wacher, reagieren schneller und intuitiver. Ängste sind also nicht zwangsläufig als etwas Schlechtes zu begreifen und ein wenig Nervosität ist nützlich, weil Körper und Geist mobiler sind. Ungesund wird es erst dann, wenn das Angstgefühl andauert, obwohl keine Bedrohung in Sicht ist.

Wenn die Ängste das Bewusstsein beherrschen, können kontrolliertes Denken und Handeln außer Kraft gesetzt werden. Dann spricht man von übersteigerten Ängsten. Wer darunter leidet, sollte therapeutischen Rat suchen. Wenn die Angst überall sitzt und das ganze Leben regiert, sind fundierte Behandlungsweisen angezeigt. Aber davor, dass Ihre Angstgefühle ausufern, bewahren Sie sich persönlich am besten, indem Sie im Alltagsleben möglichst oft positive Denkinhalte aufbauen. Denken Sie häufiger bewusst an etwas Schönes. Je öfter Sie sich auf positive Inhalte konzentrieren, desto mehr entziehen Sie der Angst den Nährboden.

Nun lässt sich natürlich gut vorschlagen, man möge sich positive Denkinhalte schaffen, während der Vortrag, das Bewerbungsgespräch oder die Prüfungssituation stündlich näher rücken und das Lampenfieber steigt. Betrachten wir deshalb unsere Angst genauer. Legen Sie sich noch einmal ins Bett – natürlich nur in Ihrer Vorstellung – und gehen Sie bis an die Stelle zurück, an der Ihre Gedanken anfingen, um das befürchtete Misslingen zu kreisen. Spielen Sie nun mit sich selbst ein kleines Spiel. Öffnen Sie Ihre Augen weit. Schauen Sie unter das Bett. Ist dort irgendwo eine *reale* Bedrohung in Sicht? Wohl nicht. Sehen Sie sich jetzt den morgigen Tag an. Ist da eine reale Gefahr zu erkennen? Könnte Ihnen der Personalchef oder die Prüfer etwas Böses anhaben wollen? Sie verneinen? Gut! Ihr Urprogramm, das Sie vor äußerer Bedrohung zu bewahren weiß, brauchen Sie für das, was Sie morgen erwartet, also nicht. Darum weg mit diesem Teil der Angst! Das, was dann noch bleibt, ist die Angst, die Sie wohl durch sich selbst erzeugen. Woher kommt der »Bammel« vor morgen?

Die Furcht davor, zu versagen, die Sprechhemmung oder starke Prüfungsängste sind oft ein Nebeneffekt einer Erziehung, durch die Kinder nicht genügend Selbstvertrauen aufbauen konnten. Besonders Kinder, die in ihrem Bedürfnis nach Harmonie und Sicherheit von den Eltern vernachlässigt wurden und das Gefühl der Geborgenheit nicht festigen konnten, sind als Erwachsene anfälliger für Ängste, weil ihnen das Urvertrauen fehlt. Aber auch überbehütete Kinder reagieren häufig so. Doch der »Rucksack« mit den Erfahrungen bleibt nicht ewig mit dem gefüllt, was uns aus der Kindheit mitgegeben wurde. Neues kommt hinzu, wir entwickeln uns weiter. Andere Menschen begegnen uns, wir lernen von ihnen andere Verhaltensweisen. Doch negative Botschaften, die uns früher vermittelt wurden, wie »Das schaffst du nicht« oder »Du machst alles falsch« können sich im Gehirn festsetzen. Irgendwann meinen viele Menschen schließlich selbst, unfähig zu sein, und glauben nicht mehr an sich selbst.

Doch es gibt Wege, den Kreislauf negativer Selbsteinschätzung zu verlassen und Selbstvertrauen zurückzugewinnen. Jeder Mensch vermag pessimistische Botschaften in optimistische umzuwandeln. Es bedarf dazu nur des Willens, sich selbst besser zu erkennen und mit den eigenen Ängsten umgehen zu lernen.

Nun wird es Zeit, für den Angstabbau-Plan: schädliche Befürchtungen aufzustöbern und abzubauen, um sich das Denken an ein Versagen abzugewöhnen. Es ist nicht ganz leicht, Gewohnheiten abzulegen, mit denen man seit vielen Jahren vertraut ist. Sie sollten sich deshalb darauf einstellen, es mehrfach probieren zu müssen – so lange, bis Sie spüren, anstatt misserfolgsorientiert erfolgsorientiert an den nächsten Tag zu denken. Ein bisschen Nervosität und Lampenfieber wird Ihnen trotzdem auch künftig bleiben, weil es nützlich ist. Wenn Sie diesen Rest an Bangigkeit zulassen und als eine Art Helfer annehmen, um hellwach zu sein, wird Ihnen alles gelingen, was Sie sich vorgenommen haben.

Der Angstabbau-Plan

Anstatt Ihre Energie mit Gedanken darüber zu verschwenden, was sein wird, drehen Sie gleichsam den Spieß um: Sammeln Sie Ihre Energie! Das gelingt am besten, wenn Sie zunächst Ihre Nervosität senken, indem Sie lernen, Ihren Körper schrittweise zu entspannen.

»Ich entspanne mich …«

Schließen Sie die Augen, und konzentrieren Sie sich zuerst nur auf Ihren Atem. Wenn Sie einen schnellen Atemrhythmus bemerken, sollten Sie mehrmals bewusst langsam und tief ein- und ausatmen.

Verdeutlichen Sie sich, dass Ihre innere Unruhe nicht von außen kommt, sondern durch Sie selbst in Ihnen entsteht. Unterbrechen Sie das schädliche Gedankenprogramm. Lassen Sie die Fantasie ein wenig spielen, versuchen Sie, die Personen des morgigen Tages von der komischen Seite anzuschauen. Stellen Sie sich vor, Ihre Zuhörerschaft, der Personalchef oder die Prüfer erschienen morgen so, wie Gott sie schuf, ohne Insignien der Macht. So wirkt das Bevorstehende wohl gleich etwas weniger einschüchternd.

Während Sie weiterhin ruhig und gleichmäßig atmen, lenken Sie Ihre Aufmerksamkeit nun zunehmend auf Ihren Körper. Beginnen Sie damit, ein autogenes Training durchzuführen, indem Sie sich bestimmte Anweisungen vorsagen. Das gedankliche Aufsagen dieser Anweisungen bewirkt, dass Geist und Nervensystem zur Ruhe gebracht und die Muskulatur optimal gelöst und durchblutet werden. Ihre Aufmerksamkeit wendet sich von schädlichen Gedankenbildern ab, das angenehme Gefühl »loszulassen« stellt sich ein. Eine vereinfachte Kurzversion soll dies erläutern:

Geben Sie sich die erste Anweisung: »Ich entspanne meine Füße« und richten Sie Ihre Konzentration dabei einzig und allein auf Ihre Füße und darauf, die Muskulatur zu entspannen. Schweifen Sie nicht ab, denn Entspannung tritt nur ein, wenn Sie Ihre gesamte Konzentration gezielt auf die jeweilige Körperpartie richten. Wiederholen Sie die Formel »Ich entspanne meine Füße« in Gedanken mindestens sechsmal hintereinander. Wenn Sie in den Füßen Wärme und ein leichtes Kribbeln wahrnehmen, wissen Sie, dass der nötige Entspannungsgrad erreicht ist. Sagen Sie daraufhin zu sich: »Ich lasse los – ich lasse geschehen«. Wandern Sie bildlich gesehen weiter aufwärts, zu den Beinen. Konzentrieren Sie sich auf Oberschenkel- und Wadenmuskulatur, sagen Sie sich »Ich entspanne meine Beine«. Sowie das Wärmegefühl auftritt, wenden Sie sich der nächsten Körperpartie zu und denken Sie zwischendurch wieder an die Formeln »Ich lasse los« und »Ich lasse geschehen«. Fahren Sie so mit der Entspannung über die Körpermitte, den Oberkörper, die Arme bis zum Kopf fort. Wenden Sie sich zum Schluss dem Gesicht zu. Öffnen Sie den Mund leicht, um die Kieferpartie zu entspannen und sagen Sie sich mindestens sechsmal: »Mein Gesicht ist vollkommen gelöst« und: »Meine Stirn ist kühl und glatt«. Am Ende sollte vor und hinter Ihrer Stirn wohltuende Ruhe eingetreten sein. Um das Gefühl der Ruhe ein letztes Mal bewusst durch den Körper strömen zu lassen, sagen Sie sich abschließend so oft Sie mögen: »Ich bin ganz ruhig«, bis der Schlaf sich einstellt.

Wenn ich sagen kann, dass alles misslingt, kann ich mir ebenso gut sagen: »Es wird mir gelingen.« Ordnen Sie das Chaos jener nachteiligen Gedanken, die Sie verunsichern, und ersetzen Sie verneinende Botschaften durch bejahende. Wenn wir uns mit Befürchtungen und unguten Ahnungen beschäftigen, entsteht sogleich ein innerer Konflikt. Der Konflikt teilt sich uns mit, indem wir uns niedergeschlagen fühlen, lustlos und mutlos werden, deprimiert und traurig sind, Angst haben, uns ärgern. Aber diese Vorstellung – das müssen wir uns in solchen Situationen immer wieder sagen – kommt einzig und allein durch unsere Negativerwartungen zustande, hat also mit der Wirklichkeit nichts gemeinsam. Statt des Besten, reden wir uns das Schlimmste ein. Dadurch entstehen viele Ängste und Sorgen. Die meisten Befürchtungen, die wir so entwickeln, werden jedoch nie Wirklichkeit.

»Ich spreche mir Mut zu …«

Verhalten Sie sich deshalb nicht kontraproduktiv zu dem, was Ihnen wohltäte, um der Angst vor einem wichtigen Ereignis oder Termin standzuhalten. Reden Sie sich nicht ein, zu versagen, sich schämen zu müssen oder Fehler zu begehen. Zweifeln Sie nicht an Ihrem Wissen oder Können. Sagen Sie sich ab heute: »Ich schaffe alles, was ich mir vornehme.« Seien Sie zuversichtlich und vertrauen Sie auf Ihr

Glück. Und bestärken Sie sich darin, dass Sie alle Unwägbarkeiten meistern werden. Bejahende Botschaften, die Sie sich in Gedanken wiederholen sollten, sind beispielsweise: »Ich bin gut! Ich bin stark! Ich mag mich! Ich vertraue auf mein Glück! Ich bin froh und zufrieden! Ich fühle, alles wird gut! Ich bin innerlich frei, mir kann keiner etwas anhaben! Ich bin vollkommen gelöst und gelassen! Ich habe keine Angst und ich freue mich auf morgen!«

Entwerfen Sie für den morgigen Tag vor Ihrem geistigen Auge eine Vision, die anzuschauen Ihnen Freude bereitet und Sie motiviert. Wenn wir etwas gerne in Angriff nehmen und entsprechend motiviert sind, fühlen wir uns freier und empfinden es auch nicht als Mühe. Wer dieses Phänomen bei der Vorbereitung auf ein wichtiges Ereignis zu nutzen weiß, überwindet Unsicherheiten und Angstblockaden leichter. Wenden Sie also das Prinzip des *optimistischen Visualisierens* an und gewinnen Sie Lust auf das, was Sie morgen erwartet. Konzentrieren Sie sich allein darauf, dass Ihnen morgen alles ganz leicht von der Hand geht. Das bewirkt, dass Sie locker bleiben und nicht blockiert an Ihre Aufgabe herangehen. Mit diesem Bild vor Augen haben Sie die richtige Einstellung, dass Sie an diesem Tag »gewinnen«.

»Ich stelle mir vor, wie es gelingt …«

So wird man zufriedener – auch mit sich selbst

Jeder zweite in unserer Gesellschaft ist unzufrieden – doch meist verbauen die Menschen sich die Chance zum Glücklichsein selbst. Wir lassen uns von einer Stimme tyrannisieren, die täglich versucht, unser Denken negativ zu beeinflussen, uns ein schlechtes Gewissen suggeriert, an unserem Äußeren herumnörgelt, uns Fehler vergangener Tage vorhält. Doch diese Stimme stammt aus uns selbst! Deshalb ist es für unser Lebensglück keine unbedeutende Frage, ob wir der Eloquenz dieser Stimme etwas entgegensetzen können.

Wer innere Zufriedenheit erreichen will, darf sich nicht von den äußeren Verhältnissen leiten lassen. Die Verhältnisse, unter denen wir leben, sind, objektiv betrachtet, niemals ideal, es bleibt subjektiv immer etwas auszusetzen. Wesentlich ist also, nicht darauf zu warten, bis die Lebenssituation, in der wir uns gegenwärtig befinden, ideal ist, sondern auf der Stelle anzufangen, sie anders zu bewerten. Denken wir uns das Leben nicht traurig, sondern erbaulich. Denn wir sind sofort um ein Großteil zufriedener, wenn wir zu den momentanen Lebensverhältnissen eine andere Einstellung gewinnen.

Und wenn Sie es zuwege bringen, mit sich selbst

zufriedener zu sein, fühlen Sie sich nicht nur wohler in Ihrer Haut, Sie sind auch für Ihre Umgebung ein noch größerer Gewinn. Denn Sie entfalten eine harmonische Ausstrahlung. Die innere Positivität und das Annehmen der eigenen Person mit allen günstigen und ungünstigen Eigenschaften strahlen als Souveränität nach außen. So ist denn auch die Annahme falsch, dass Menschen mit einer besonderen Ausstrahlung besonders gekleidet wären oder besonders gut aussähen. Das Geheimnis liegt allein am *Faktor Zufriedenheit* – sie tragen einen wesentlich höheren Grad an Zufriedenheit und Einklang mit sich selbst nach außen als andere.

Wir haben es selbst in der Hand. Wir können einiges dazu beitragen, im Alltag zufriedener zu sein. Beim *inneren Selbstgespräch* setzen wir an. Unsere Gefühls- und Gedankenwelt müssen wir beobachten. Schließen Sie einen Moment lang die Augen und achten Sie nur darauf, was Ihnen durch den Kopf geht. Was beschäftigt Sie zur Zeit am meisten? Würden Sie sagen, dass Ihr gedankliches Selbstgespräch mehr auf gegenwärtig vorherrschende ungünstige Umstände konzentriert ist? Oder setzen Sie sich verstärkt mit sich selbst auseinander, sind es eher persönliche Schwächen, mit denen Sie unzufrieden sind? Sehen Sie genau hin und versuchen Sie, sich selbst zu erkennen.

Alles, auf das Sie Ihre Gedanken richten, bestimmt in wesentlichem Maße Ihr Lebensgefühl. Es kann zur Regel werden, sich täglich aufzusagen, was stört oder schmerzt. In dieser Art zu denken ist sich jeder selbst der schlimmste Feind. Sie sollten deshalb jeden Tag versuchen, mit Ihren Gedanken umsichtiger vorzugehen. Versuchen Sie sich von Leuten fern zu halten, die immer nur das Schlechteste denken und alles negativ sehen, und gewöhnen Sie sich daran, einen *positiven Gedankendialog* zu führen. So schützen Sie sich vor der weiteren Auseinandersetzung mit sich selbst, bei der Sie sich über Gebühr kritisieren und anklagen. Und lernen Sie, sich auch dann noch zu mögen, wenn Sie zum Beispiel die Leistung nicht erbracht haben, die Sie sich abverlangt hatten. Tragen Sie selbst dazu bei, öfter froh zu sein. Das *Zufriedenheitssystem* kann dazu eingesetzt werden, das innere Selbstgespräch erfreulicher zu gestalten.

Das Zufriedenheitssystem

Sowie das »Hickhack« wieder anfängt mit: »Die anderen haben mehr Glück, die anderen haben keine echten Probleme …«, sagen Sie: »Schluss damit!« Üben Sie, Ihre Gedankenbewegung immer wieder zu kontrollieren und falls erforderlich zu kultivieren.

Dies gelingt, indem Sie zuerst denken: »Was soll ich mit diesem furchtbaren Gedanken? Ich kann damit nichts anfangen, also weg damit!« So beginnen Sie damit, jede Negativäußerung über die eigene Person durch positive Inhalte zu ersetzen.

»Ich kultiviere meine Gedanken«

Schalten Sie um. Sagen Sie sich: »Niemand ist vollkommen« oder »Davon geht die Welt nicht unter« – es ist ein Mittel, das hilft! Tricksen Sie die Zweifel an sich selbst oder ein quälendes Schuldgefühl dadurch aus, dass Sie eine Liste anlegen, in der Sie Ihre Stärken eintragen. Es darf auch ein bisschen mehr sein, flüstern Sie sich ruhig das eine oder andere Kompliment zu, denn wer sich selbst anklagt, muss sich auch selbst zugestehen dürfen, gute Seiten zu haben. Gönnen Sie sich, während Sie spazieren gehen oder im Haus arbeiten, einige beschauliche Gedanken und betreiben Sie diese Übung, bis der Lerneffekt eintritt: Wenn die persönlichen Vorzüge mit in die Waagschale gelegt werden, wiegen die persönlichen Schwachpunkte leichter. Gestehen Sie sich zu, dass auch Sie sich einmal irren dürfen, und nähern Sie sich so wieder einer freundlicheren Grundhaltung zu sich selbst.

Nicht ständig an mögliche Fehler denken

Wenn das Gefühl »Alles grau in grau« oder »Mir ist zum Heulen zumute« Sie befällt, ohne dass Ihnen ein Grund dafür bekannt wäre, so versuchen Sie in Ihrem Leben die Messlatte neu anzulegen. Gewohnheitsmäßig sind wir darauf eingestellt, immer nur aufzurechnen, was nicht in Ordnung ist. Dem steht nicht selten eine große Erwartungshaltung an das Leben gegenüber.

Unzufrieden ohne Grund?

An solchen Tagen meldet sich unser Unterbewusstsein. Es will die Erwartungen, Träume und Wünsche wieder ins Blickfeld rücken, die darauf abzielen, ein großes Stück vom Kuchen zu erhalten. Das bis zu diesem Tag vorherrschende Zufriedenheitsgefühl wird plötzlich zur zweifelhaften Angelegenheit. Wir werden unzufrieden, weil wir zwischen unseren Träumen und der Realität zerrissen sind. Jetzt heißt es, schnell mit sich selbst Kontakt aufzunehmen. Versuchen Sie Ihr Leben bewusst in seiner Ganzheit anzusehen, erinnern Sie sich, wie viele erfreuliche Ereignisse Sie verzeichnen können, was Sie für sich persönlich bereits erreicht haben, welche ehemaligen Wünsche Sie mittlerweile verwirklicht haben. Die eigene Verstimmung wird sich langsam verflüchtigen. Sagen Sie an solchen Tagen daher einfach nur »Danke«: »Danke, dass ich gesund bin, dass ich mich frei bewegen kann. Ich kann mich sogar zu dem Gefühl hinbewegen, mit meinem Leben wieder zufrieden zu sein.«

Hier tritt die Frage auf: Wann, wie und wo können Sie ganz Sie selbst sein? Denn ein Aspekt, der zur Zufriedenheit beiträgt, ist die Möglichkeit zur Entfaltung der Persönlichkeit. Was unternehmen Sie, sich Ihrem Charakter und Temperament gemäß entwickeln zu können? Welche Freiräume haben Sie im Alltag, um Ihrem eigentlichen Selbst näher zu sein?

Ich kultiviere meine Persönlichkeit

Sollten Sie das Gefühl haben, dass Ihr eigentliches Wesen zu sehr eingeschränkt wird, führen Sie den folgenden *Selbst-Test* durch. Durch den ersten Teil stellen Sie für sich selbst fest, was Ihrer Persönlichkeitsstruktur entspricht und wie Sie gerne leben möchten. Im zweiten Teil untersuchen Sie Ihren Alltag auf potentielle Ursachen für eine momentane nicht so glückliche Grundstimmung. Beim dritten Teil sollten Sie darüber nachdenken, wie Sie wieder mehr so sein können, wie Sie sein möchten. Der Test soll dazu dienen, dass Sie erkennen, wo Ihre Zufriedenheit vernachlässigt wird und aus welcher Zwangsjacke Sie sich innerlich befreien sollten.

Selbst-Test

A. Lebe ich mich genügend aus?

Teil 1. *Fragen Sie sich …,*
wann Sie zuletzt mit sich selbst zufrieden waren, weil Sie sich spontan entschlossen haben, etwas Verrücktes zu unternehmen. Was war der Anlass? Was hat Ihnen dabei am meisten Vergnügen bereitet? Zählte etwas dazu, was Sie als Kind schon gerne getan haben, beispielsweise Karussell fahren oder barfuß durch Pfützen laufen? Wird Ihr Leben vielleicht durch streng geregelte Tagesabläufe bestimmt, so dass es Ihnen gefallen hat, zwischendurch einmal unvernünftig zu sein und die ganze Nacht durchzutanzen, bis zum Morgen Videofilme anzuschauen oder den ganzen Tag mit Müßiggang zu verbringen? Haben Sie sich auf etwas Neues eingelassen oder Ungewöhnliches ausprobiert, oder hat Sie eher etwas Riskantes gereizt, beispielsweise mit Freunden im Boot eine Wildwasserfahrt zu erleben?

Teil 2. *Prüfen Sie …,*
ob Sie in jüngster Zeit Gelegenheiten wahrgenommen haben, spontan und spielerisch zu sein. Was hat Sie davon abgehalten? Hatten Sie Angst, die Kontrolle zu verlieren? Dachten Sie, sich so etwas nicht gönnen zu dürfen?

Teil 3. *Fangen Sie innerlich neu an ...,*
indem Sie sich überlegen, wie Sie das »Außergewöhnliche« neu für sich entdecken können. Bedenken Sie, dass Erfahrungen, an denen Genuss und Spontaneität beteiligt sind, eine wichtige Voraussetzung für die Zufriedenheit mit sich selbst darstellen. Zu viel Selbstkontrolle oder Genussverzicht begünstigen Ihre Ausstrahlung als Mensch nicht.

Suchen Sie die besonderen Momente, in denen Sie völlig lockerlassen und sich ausleben können. Beglücken Sie sich selbst, indem Sie sich geben, was Sie brauchen. Und verordnen Sie sich zwischendurch, das Leben manchmal als Spiel zu betrachten. Das nimmt vielen Ereignissen die Schwere.

B. Wie bringe ich meine Wunsch-Persönlichkeit zum Ausdruck?

Teil 1. *Fragen Sie sich ...,*
wann Sie zuletzt mit sich selbst zufrieden waren, weil Sie durch Ihr Verhalten menschliches Format bewiesen haben. Was hat dieses Gefühl in Ihnen ausgelöst? Haben Sie dabei vielleicht Wesenszüge von sich zum Ausdruck gebracht, etwa gute Manieren oder Zivilcourage zu haben? Hat Ihnen das Einhalten von persönlichen Prinzipien – etwa sich nie mit fremden Federn zu schmücken, der faire Umgang

mit anderen Menschen oder sich nicht von Trends verleiten zu lassen – innerlich Befriedigung verschafft? Fühlen Sie sich selbst am stärksten, wenn Sie für eine gute Sache eintreten, Verantwortung übernehmen können, Mut zum Profil beweisen?

Teil 3. *Prüfen Sie …,*
warum Sie während der vergangenen Zeit nicht zum Ausdruck gebracht haben, was Ihrer Wunschpersönlichkeit entspricht. Was hat Sie davon abgehalten?

Teil 3. *Fangen Sie innerlich neu an …,*
indem Sie überlegen, wie Sie zu Ihrer eigentlichen Wunschpersönlichkeit zurückfinden. Verdeutlichen Sie sich, dass Sie sich selbst ein hochwirksames Elixier für das Zufriedensein entziehen, wenn Sie Ihre Art, an Aufgaben heranzugehen, Ihr eigenes Naturell, nicht ausreichend zum Ausdruck bringen. Gehen Sie heute neu auf sich zu. Kümmern Sie sich um jene Anteile Ihrer Persönlichkeit, die Sie in der Vergangenheit vernachlässigten. Stehen Sie zu Ihrer persönlichen Note – wenn es sein muss, auch gegen Widerstände, denn das ist besser, als zu unterdrücken, was in Ihnen steckt. Sagen Sie sich: »Ich bin alles, was ich habe«, und denken Sie darüber nach, wie Sie die Attribute wieder mehr zum Ausdruck bringen können, die in Ihnen beheimatet sind.

C. Habe ich noch Bezug zu meinen Wurzeln?

Teil 1. *Fragen Sie sich …,*
wann Sie zuletzt mit sich selbst zufrieden waren, weil Sie dem nachgehen konnten, was Ihnen schon früher viel bedeutet hat. Wann hatten Sie den Eindruck, dass Ihnen das gefehlt hat? Zehren Sie in Anbetracht Ihrer Persönlichkeit vielleicht heute noch davon, weil diese Ihre Wurzeln vielleicht das Allerbeste und Allerwichtigste sind, was Sie je im Leben gelernt oder vollbracht haben? Welche Elemente sind davon übrig geblieben – etwa Ihre Wertmaßstäbe, Ihr Hang zum Ästhetischen, Ihre Kreativität? Wo haben Sie es gelernt und in welcher Form? Hing es vielleicht mit einer Reise in ein Land zusammen, in dem Sie lange gelebt haben und dessen Menschen Ihnen viel bedeuten? Waren es Aspekte, die Sie in Ihrem derzeitigen Umfeld sehr vermissen, wie Hilfsbereitschaft, bestimmte Lebensweisen und Traditionen?

Teil 2. *Prüfen Sie …,*
welche Handicaps Sie in jüngster Zeit daran gehindert haben, sich wieder mehr mit dem zu beschäftigen, was Ihre Person ausmacht. Was hat Sie zurückgehalten? Weshalb dachten Sie, sich dem nicht mehr nähern zu können, was Ihnen im Grunde immer schon sehr wichtig war?

Teil 3. *Fangen Sie innerlich neu an …,*
indem Sie in sich gehen und Ideen entwickeln, wie Sie zu Ihren Wurzeln zurückkehren können, ohne Ihr heutiges Leben aufgeben zu müssen. Unternehmen Sie den Versuch: Erwecken Sie das neu, was Sie in Ihrem Leben entscheidend beeinflusst hat. Wagen Sie es auch dann, wenn Sie gebunden sind, kleine Kinder und einen anstrengenden Beruf haben. Denn es kann sein, dass Sie eine wunderbare Wandlung erfahren, die auch von Ihren Mitmenschen begrüßt wird, weil Sie innerlich erfüllter und zufriedener wirken. Sagen Sie sich: »Sei wieder mehr du selbst!« und sehen Sie sich danach um, wann, wie und wo Sie es sein können.

➤ Kurzprogramm
Lieber aufrecht gehen als gebückt

Einige Möglichkeiten zur Anregung

- An diesem Tag will ich zu mir selbst ja sagen und mich nur auf meine Stärken konzentrieren.
- Ich habe keine Hemmungen, gleichsam ins Fettnäpfchen zu treten, wenn ich heute mit Menschen Kontakt knüpfe. Ich suche den positiven Kontakt, indem ich meine Gesprächspartner offen ansehe, schlagfertig bin und es darauf anlege, mit dem anderen zu scherzen.

- Wenn sich dazu eine Gelegenheit ergibt, werde ich mich überwinden und einen vergnüglichen Flirt wagen, und sei es nur ein bezaubernder Augenkontakt über mehrere Köpfe hinweg.
- Ich will heute keine Angst haben, Gefühle an mich herankommen zu lassen oder auch darüber zu sprechen, was mich persönlich bewegt. Denn dadurch vergebe ich mir nichts. Und werde ich deswegen abgelehnt, so lasse ich mich davon nicht verunsichern, sage mir: »Ich kann es nicht allen Menschen recht machen«.
- Meine heutige Prämisse lautet, die Freiheit zu genießen, aufrecht durch das Leben zu gehen und immer den Mut zu haben, offen zu sagen, was ich möchte und was ich nicht möchte, selbst wenn es sich dabei um heikle Themen handelt.

Auf welche Weise konnte ich mein heutiges Motto in die Tat umsetzen?

Welche Gefühle und welche Erfahrungen hatte ich währenddessen?

Was kann ich bereits morgen unternehmen, damit die angenehmen Gefühle und erfreulichen Erfahrungen von heute zukünftig zum festen Bestandteil meines Alltags werden?

5. Tag

»Ich mache aus allem das Beste«

Verlernen Sie das Lachen nicht!

Das ist oft schwer: den Kopf nicht hängen zu lassen in Momenten, in denen uns nicht zum Lachen ist. Es fällt meist nicht leicht zu denken – obwohl alles ganz anders gekommen ist, als zu Anfang erhofft – : »Wer weiß, wofür es am Ende gut ist.« Und es bedarf innerer Festigkeit, obwohl man Unerfreuliches erlebt, seinen Humor nicht zu verlieren.

Für viele Menschen scheint die Welt allzeit unangenehm und unbequem und nie in Ordnung. Jedenfalls lässt sich dieser Eindruck gewinnen, nimmt man die üblichen Antworten auf die Frage »Wie geht es dir?« ernst. Doch wer beim Blick auf die kleine oder große Welt nur düstere Wolken sieht oder sehen will, hat am Leben bald schwer zu tragen. Denn er hat kein Lachen mehr, das ihm die Bürde erleichtert.

Wir können also nicht umhin, alles zu versuchen, um uns eine innere Fröhlichkeit und auch eine Prise Unbekümmertheit zu bewahren. Untersuchen wir deshalb jedes Geschehen genau, ob nicht doch außer der Schattenseite ein annehmbarer Impuls darin verborgen liegt – eine erhellende und vielleicht sogar erheiternde Seite, über die man zumindest still vor sich hin lachen könnte, selbst wenn es Galgenhumor wäre. Natürlich ist es nicht leicht, immer positiv eingestellt zu sein. Schließlich wiegt das reale Leben zuweilen schwerer als alle guten Vorsätze. Und mit der oftmals überstrapazierten Redensart »Das musst du positiv sehen!« allein ist die Lage noch nicht verändert, vor allem, wenn es keine Lappalien sind, die unseren gewohnten und sicheren Rhythmus stören. Aufrichten und ermutigen können wir uns letztlich nur aus uns selbst heraus. Aber wer sich auf eine optimistische Einstellung stützen kann, hat noch die Energie durchzuhalten, wenn andere längst nach Atem ringen. Wer in schwierigen Zeiten noch lachen kann, ist reich.

Das Positive vermag uns mehr seelische Freiheit gegenüber den Unwägbarkeiten des Lebens zu schenken. Bewerten Sie das nachfolgende Positiv-Prinzip als eine Präventivmaßnahme, um sich vor schädlichen Einflüssen zu bewahren und lassen Sie eine Lebensart daraus werden. Es wird nicht immer einfach sein, »trotzdem« obenauf zu bleiben. Aber manchmal rettet uns der Sprung über den eigenen Schatten davor, sich unerquicklichen Vorfällen zu unterwerfen.

Das Positiv-Prinzip

Zu meiner Studentenzeit saßen wir einmal im Freundeskreis in einem gemütlichen Weinlokal zusammen, um wie schon mehrfach zuvor übermütig und fröhlich das Semester zu Ende zu bringen. Es war Brauch, dass sich die Wirtin im Laufe des Abends zu ihren Gästen an den Tisch setzte. Diese Frau hatte ein solch heiteres Wesen, wie man es nur selten findet. Immer zu Späßen aufgelegt und wer Sorgen hatte, ging nicht, ohne sich bei ihr ausgesprochen zu haben. »Was hast du denn mit deinen Haaren gemacht – eine neue Frisur?«, wollte gerade jemand aus unserer Runde zu ihr hinüberrufen, als er von einem älteren Stammgast gebremst wurde: »Wissen Sie es denn nicht, sie hat doch ihre Haare verloren und trägt jetzt eine Perücke«, sprach er mit vorgehaltener Hand. »Sie hat Krebs.« Wir waren fassungslos. Die Musik spielte, die Leute lachten, und vorne stand sie und lachte mit. Es war so schnell nicht zu begreifen. Diese liebenswerte und warmherzige Frau kämpfte um ihr Leben und ließ sich nicht das Geringste anmerken. Im Gegenteil, sie war ausgelassen und genoss das Leben in vollen Zügen. Es schien so, als wollte sie jede Stunde auskosten, als wäre es ihre letzte.

»Ich halte die Stunden zusammen«

Wie nichtig werden plötzlich all die kleinen und größeren Probleme des täglichen Lebens, wenn uns ein Mensch begegnet, der uns fröhlich ins Gesicht sieht, obwohl er allen Grund hätte, verzweifelt zu sein! Nehmen wir deshalb diese Geschichte als Anstoß, um ein weiteres Mal darüber nachzudenken, wie wir unsere eigene Lebenszeit nützen. Fragen wir uns: Welchen Ereignissen habe ich heute die meiste Aufmerksamkeit geschenkt? Waren es positive oder eher negative? Und welche davon wären es, im Vergleich zu einer tödlichen Krankheit, tatsächlich wert, sich darüber zu erregen, zu ärgern oder zu grämen? Wenn es zur Gewohnheit wird, sich mit dem, was um uns herum vorgeht, nur noch zu plagen, wenn wir den Alltag nur noch als Kampf empfinden, bedeutet das höchste Alarmstufe. Dann müssen wir unsere Einstellung zu den unliebsamen Vorkommnissen dringend ändern. Denn anhaltende, als belastend empfundene Situationen schwächen die Immunabwehr unseres Körpers und können zu ernster Krankheit führen. Je optimistischer jedoch unsere Lebenseinstellung ist, desto weniger erschöpft uns das, was wir erleben. Sobald wir alle Tage unseres Lebens als Geschenk betrachten, gewinnt jede Stunde an Wert. *Nach dem Positiv-Prinzip zu leben bedeutet, jeden Tag zu genießen, als wäre er der letzte.* Wir lernen, dass jeder Tag etwas

Besonderes ist, und wir lernen, das Leben viel öfter zu feiern.

Schön wär's! Wenn immer alles so klappte, wie wir es uns vorstellen, hätten wir keinen Grund zur Klage. Jeder Urlaub verliefe nach Plan. Der Alltag hielte keine unangenehmen Zwischenfälle bereit. Wir wären nie enttäuscht, würden nie krank, wären nie traurig. Das Leben wäre immer leicht und gut.

Aber es kommt oft anders, als man denkt. Das hat jeder von uns schon erfahren. Das eigentliche Problem aber ist, dass wir bei misslichen Situationen viel zu schnell geneigt sind, aufzugeben. Wir verwünschen das Schicksal, klagen an, schwelgen in Selbstmitleid – und vergessen oft, uns zu fragen, wie man aus der Situation noch etwas Gutes herausholen könne.

»Ich verwandle einen Nachteil in einen Vorteil«

Bedenken Sie jedoch: Jeder »Dämpfer«, der Ihnen im Alltag widerfährt, lässt sich als eine Herausforderung begreifen, darüber nachzudenken, wie sich die Situation dennoch vorteilhaft nutzen ließe. Auf diese Weise erziehen Sie sich dazu, sich weniger auf vorgezeichnete Pläne zu verlassen und erreichen mehr Flexibilität im Umgang mit unverhofften Faktoren.

Wenn wir bereit sind, loszulassen, was unserer Vorstellung entsprochen hat, und anzunehmen, was wir nicht ändern können, ist das seelische Tapferkeit. Überlebenskunst heißt, sich keine Zeit zu nehmen, Vorfälle zu beklagen, keine Zeit zu lassen, misslungenen Begebenheiten nachzuweinen, nicht dauernd zurückzuschauen. Überlebenskunst heißt, nach vorn zu sehen, wieder Mut zu fassen und den Enthusiasmus zu fördern, Ideen zu entwickeln, wie sich das, was noch zur Verfügung steht, zum Besten verändern lässt.

Nach dem Positiv-Prinzip zu leben bedeutet, allem, was geschieht, eine erfreuliche Seite abzugewinnen. Dadurch, dass wir uns über ein Ereignis beschweren oder innerlich auf etwas beharren, das nicht so ist, wie wir es uns wünschten, erreichen wir nichts. Bewahren Sie deshalb den Weitblick, das Positive zu erkennen. Denn was auch kommt – es kann ein Glücksfall sein. Optimisten wissen das!

»Ich bin kommunikativ«

Miteinander zu sprechen und zu lachen ist das Öl in dem oft so rostigen und frostigen Getriebe des täglichen Lebens. Doch wahrscheinlich ist es Ihnen ebenso aufgefallen: Kaum jemand gönnt dem anderen ein Wort mehr als nötig. Viel zu oft beobachtet man, wie jeder damit beschäftigt ist, die eigenen Schwierigkeiten immer wieder groß vor sich aufzubauen. Natürlich können wir uns auf den Standpunkt stellen: »Was interessiert mich der andere? Jeder muss eben sehen, wie er fertig wird.« Ein solcher Gedankengang ist verständlich, doch mit dem Optimismus hat er nichts gemeinsam.

Nach dem Positiv-Prinzip zu leben bedeutet, sich für Menschen zu interessieren. Vergraben wir uns nicht in uns selbst. Gehen wir öfter aus uns heraus. Und Sie werden feststellen: Vieles gelingt besser als zuvor! Denn je kommunikativer wir sind, desto mehr erhalten wir durch die Freude der anderen darüber zurück.

Wir alle kennen die Erfahrung – ob zu Hause, unterwegs oder am Arbeitsplatz, wir denken immerzu an das, was sein wird, in ein paar Stunden oder morgen. Wir beschäftigen uns in Gedanken mit dem, was uns bevorsteht. Den momentanen kleinen Glücksmoment nehmen wir jedoch oft nicht gebührend wahr, weil wir in Gedanken zu abgelenkt sind. Wir verlieren leider zu oft den Blick für die liebevollen Kleinigkeiten und das Schöne um uns, vieles wird selbstverständlich. Zu selten sind die Abende, an denen wir uns genüsslich zurücklehnen, des Tages freudige Augenblicke Revue passieren lassen und mit Befriedigung sagen: »Das war ein gelungener Tag.« Der nicht besonders berauschende, mittelprächtige Tag ist die Regel. Die einzige Chance, dem Tag »trotz allem« zu seinem Gelingen zu

»Ich achte auf schöne Momente«

verhelfen, ist: »Wir müssen lernen, uns selbst ein wenig mehr zu lieben«. Folgen wir dieser Lebensweisheit, erhalten wir mehr Sinn für das Schöne. Wer für sich selbst einen liebevollen Blick entwickelt, erkennt das kleine Glück, das ihm auf Schritt und Tritt begegnet viel eher: Zuneigung, Anerkennung, Freundschaft, ein Kinderlächeln, ein Moment der Stille.

Nach dem Positiv-Prinzip zu leben bedeutet, jeden gewöhnlichen Tag zu einem besonderen zu gestalten.

➤ Kurzprogramm
Lieber sich ändern als versauern

Einige Möglichkeiten zur Anregung

- An diesem Tag will ich neue Erfahrungen sammeln und alle starren Regeln, nach denen ich bisher gelebt habe, über Bord werfen.
- Ich will heute einmal über mich selbst lachen und das Kind in mir beleben.
- Ich mache mir bewusst: Ich bin immer nur das, was ich zu sein denke, und das hat großen Einfluss auf meine Ausstrahlung.
- Heute will ich mich von mindestens einer alten Gewohnheit verabschieden und Vorurteile abbauen. Um Veränderung zu üben, werde ich so handeln, wie ich sonst nie handeln würde – etwas die

Zähne zeigen und mich in Situationen zur Wehr setzen, in denen ich gewöhnlich schweige.

- Wenn ich bemerke, dass ich auf meine Mitmenschen ständig Rücksicht nehme, werde ich heute einmal lauthals »ich« sagen anstatt »wir«. Auch wenn ich fürchte, damit den Erwartungen der anderen nicht zu entsprechen.
- Ich achte heute besonders darauf, gelassen zu bleiben. Dazu senke ich meine Ansprüche an mich selbst und meine Mitmenschen.
- Ich sehe den Tag als Probiertag, mein Leben umzugestalten. Ich werde deshalb einen alten Traum hervorholen. Denn ein Erfolgsrezept für Zufriedenheit lautet: »Wer ständig glücklich sein möchte, muss sich oft verändern« (Konfuzius).

Auf welche Weise konnte ich mein heutiges Motto in die Tat umsetzen?

Welche Gefühle und welche Erfahrungen hatte ich währenddessen?

Was kann ich bereits morgen unternehmen, damit die angenehmen Gefühle und erfreulichen Erfahrungen von heute zukünftig zu einem festen Bestandteil meines Alltags werden?

6. Tag

»Ich schenke dem Leben mein Vertrauen«

Wenn Sie einmal nicht mehr weiterwissen …

Wir erleben viele schöne Momente, daneben aber auch Tragödien: einen Unfall, ein berufliches Missgeschick, das Ende einer Liebe, den Tod eines Menschen. Plötzlich gerät das Leben aus den Fugen. Wir sind erschüttert und begreifen nicht, was geschehen ist. An den meisten von uns geht diese Erschütterung nicht spurlos vorbei, sie geraten in eine Krise. Fast jeder zieht sich in einem solchen Fall in sich selbst zurück und hadert mit dem Schicksal. Man denkt: »Warum musste das geschehen? Das ist das Ende!« Und allmählich zeigt sich entsetzlich klar, dass von jetzt an nichts mehr so sein wird wie früher – die Tage, die Abende, die Wochenenden, das ganze Leben. Man spürt den beißenden Schmerz, dass uns etwas genommen wurde, das zu uns gehörte, das für unser Dasein selbstverständlich war. Nun fühlen wir uns abgeschnitten von einem vertrauten Gefühl, von einer Gewissheit, die unserem Leben Sinn gab, eine Aufgabe und Kraft für das Alltagsleben.

In diesen Momenten kommen meist nur Verzweiflung und Tränen, manchmal auch Wut und Selbstvorwürfe. Nichts hat mehr einen Wert. Wir fühlen uns allein mit unserer Traurigkeit, diese Gefühle überdecken alles. Eine Zeit lang besteht nichts anderes mehr – vor allem dann, wenn wir morgens aufwachen und feststellen, dass alles kein böser Traum war, und besonders wenn es abends dunkel wird und das quirlige Tagesgeschehen uns nicht länger vorzutäuschen vermag, es ginge alles den gewohnten Gang, als wäre nichts geschehen.

An diesem Punkt, an dem wir nicht mehr wissen, wie es weitergehen soll und ob wir jemals darüber hinwegkommen werden, müssen wir irgendwoher neue Kraft schöpfen, um weiterleben zu können und schließlich einen Neuanfang zu wagen. Wir dürfen nicht verzagen, nicht den Lebensmut verlieren. Wie gerne würden wir uns am liebsten nur noch betäuben und fallen lassen, doch wir dürfen uns nicht aufgeben. So heftig der seelische Schmerz auch sein mag, wir müssen die Lähmung der Traurigkeit überwinden und dagegen ankämpfen. Denn das Leben muss weitergehen.

Dieser Punkt der heftigen Lebenskrise bildet die Spitze dessen, was mit einer durch positives Denken geprägten Lebensführung zu bewältigen ist. In der Krise erfahren wir ein Höchstmaß an negativer Gedankenenergie und durchleben tiefes Leid. Unser

Leben erhält eine andere Richtung. Jetzt hängt es von uns selbst ab, ob wir uns davon überwältigen lassen und resigniert unter der Last zusammenbrechen oder ob wir genügend positive Kraft behalten, die Krise als Aufforderung zu verstehen, über das Gestern nachzudenken und das Leben neu zu ordnen.

Leicht ist dies nicht zu bewerkstelligen. Denn unser Herz hängt vermutlich nach wie vor an der Vergangenheit. Wir beklagen, was wir verloren haben, kreisen in Gedanken um das, was uns so schmerzlich erschüttert hat oder was wir uns sehnlichst zurückwünschen. Doch die Verbundenheit mit dem, was war und nicht mehr ist, kann auf längere Sicht destruktiv sein und steht dem Neuanfang breit im Weg. Deshalb gilt es nun zu lernen, das Geschehene zu akzeptieren und sich davon zu lösen. Jetzt wird uns das Maximum an positivem Denken abverlangt, um das allerschwerste Hindernis aus dem Weg zu räumen: die Angst davor, ein anderes Leben leben zu müssen.

Jetzt bedarf es des Vertrauens – als Grundlage dafür, über den Krisenschmerz hinwegzukommen. Wir haben nur zwei Wege: Entweder wir bleiben in dem Leid gefangen, das uns zugefügt wurde. Oder wir lernen, mit der Vergangenheit abzuschließen und neues Vertrauen für die Zukunft aufzubauen – auch wenn wir nicht wissen, wie diese für uns aussehen wird. Es ist nicht der Zweck des Lebens, die Wut über des Schicksals Bitterkeiten selbstzerstörerisch gegen sich selbst zu richten oder Hass auszubilden. Vielmehr sollten wir die »blaue Blume«, den Schlüssel zum Paradies, vielleicht sogar zu einem besseren Leben als vorher, darin suchen, uns voller Optimismus neu zu orientieren. Wut, Anklagen, unbeantwortete Fragen nach dem »Warum« ändern nichts, die Tatsachen bleiben. Daher sind wir, so schwer es auch klingen mag, dazu aufgerufen, das Klagen abzuschließen und uns auf ein verändertes Leben einzulassen. Trauen wir dem Unbekannten. Und lernen wir zu sagen: »Wie es auch kommen mag, ich kämpfe jeden Tag den positiven Kampf, dem Leben zu vertrauen.« Wenn wir nicht ein Leben lang unglücklich bleiben wollen, bietet sich nur eine Alternative – zu kämpfen, um sich selbst und dem Leben wieder vertrauen zu können und aus eigener Kraft wieder in das Leben zurückzufinden.

Und wem es gelungen ist, den Glauben an eine höhere Macht zu erhalten, erfährt von dieser Seite Hilfe. Wenn wir uns die Fragen stellen: »Woher kommt der Mensch? Wohin geht er? Glaube ich an Gott?«, dann blutet die Seele nicht aus, sollten tragische Ereignisse das Herz beschweren. Wir werden aufnahmebereiter für andere Sichtweisen und reagieren hellsichtiger auf Impulse. Dies gelingt, indem wir das Nachdenken über unsere menschliche Existenz vorzeitig und positiv vollzogen haben oder indem wir jetzt, in einer Situation des Trauerns damit beginnen, uns damit auseinander zu setzen, an welches Lebensgeheimnis, an welchen höheren Plan wir »glauben«. Wenn wir jetzt etwas haben, an das wir glauben, fühlen wir uns trotz allem nicht allein und fassen wieder Mut.

Mit dem »Glauben« ist hier nicht an eine offiziell festgelegte religiöse Haltung, eine bestimmte Glaubensrichtung gedacht. Gemeint ist zunächst vielmehr, zu sich selbst zu finden. Jede Krise, die wir durchleben, ist – wie schon angedeutet – auch ein Richtungsanzeiger zu unserem eigentlichen Selbst, unserer wahren Persönlichkeit. Und *Selbstvertrauen* meint nichts anderes, als sich auf sich selbst verlassen zu können und alles, was im eigenen Leben geschieht, vertrauend zu bedenken. Es ist also geboten, das Selbstvertrauen zu stärken, um wieder ein lebensbejahender, lebensfroher Mensch zu sein.

Dieses Selbstvertrauen lässt sich gerade bei schmerzhaften Erfahrungen umso leichter wieder festigen, wenn wir jene höhere Macht mit einbeziehen, die wir als Urheber allen Lebens und des gesamten Kosmos betrachten. Diese Macht nennen wir »Gott« und jeder hat eine andere Vorstellung davon. Wir können diese Macht negieren, ihr keine Existenz zubilligen. Oder wir können diese Macht bejahen, also an ihre Existenz glauben und auf sie vertrauen. Wenn Sie also neben dem »Selbstvertrauen« auch Ihr *Gottvertrauen* zu stärken vermögen, indem Sie sich sagen: »Da besteht eine gütige Macht, die mein Leben kennt, die mich liebend geleitet und auf die ich deshalb vertraue – auch wenn mir der Sinn mancher Geschehnisse verborgen bleibt und ich auf viele Fragen keine Antwort erhalte«, schenkt das große Kraft und Sie werden immer einen Weg finden.

Das, was die gewaltige Kraft besitzt, Vertrauen zu schaffen und uns Trost zu spenden, wenn wir verzweifelt sind, ist die bekannte *Optimismus-Trilogie* aus »Glaube«, »Hoffnung« und »Liebe«. Nun, viele Skeptiker sehen auch darin keine Rettung. Doch wie die Erfahrung zeigt, bleibt die Zeit nicht bei einem negativen Ereignis stehen. Deshalb sei allen gesagt, deren Vertrauen erschüttert ist, weil sie zur Zeit Schlimmes erfahren, aber auch jenen, die sich »von Gott verlassen« fühlen: Es kommen auch wieder bessere Tage, darauf können wir hoffen. Gott verlässt uns nicht, daran können wir glauben. Und versuchen Sie, sich in Liebe zum Leben daran zu erinnern: »Ich weiß, dass es Menschen gibt, auf die ich vertrauen kann, denen werde ich begegnen« – auch wenn Sie es sich im Moment vielleicht nicht vorzustellen vermögen.

Bei uns selbst müssen wir anfangen. In uns selbst

liegt die Chance, das Alte loszulassen und sich an das Neue heranzuwagen. Denn in aller Regel reicht es nicht aus, dass jemand, der es gut meint, sagt: »Nimm es nicht so schwer, es wird schon wieder!« Gerade solchen leichtblütigen Worten gegenüber verschließen wir uns in einer Lebenskrise. Mit gutem Zureden allein ist noch nichts bewältigt. Wir müssen uns selbstständig daran begeben, die Trümmer wegzuräumen und neue Zuversicht aufzubauen. Die Menschen um uns können uns ein Stück begleiten und unterstützen, bis wir uns in den veränderten Lebensumständen zurechtgefunden haben. Doch kann das Selbstvertrauen nur durch sich selbst zurückgewonnen werden.

Wie das geschieht? Seien Sie unbesorgt: Es wird eine neue Zeit anbrechen; eine Zeit, in der Sie entdecken, wie viel Kraft in Ihnen steckt, und in der Sie die Krise als Aufforderung verstehen, über vieles neu nachzudenken. Jetzt mögen Sie noch keinerlei Ausweg sehen. Aber mit einem Rest an Optimismus werden Sie bald für sich herausfinden: Der Sinn des Lebens ist es, zu leben. Und Sie werden am Leben Seiten entdecken, die Sie ermutigen und Ihnen das Vertrauen in die Zukunft zurückgeben – das jedenfalls ist meine optimistische Vision für Sie.

Hinzu kommt noch ein tröstlicher Gedanke: Oft erweist sich im Nachhinein manch bittere Zeit als ein nötiger Umbruch. Häufig gelangen wir erst durch die persönliche Krise zu hilfreichen Einsichten. Denn ganz selten gelangen wir in Harmonie zu jenem Leben, das unser wahres Selbst zur Entfaltung bringt, oft muss das Schicksal erst noch nachhelfen. Also liegt in jeder Krise auch eine Chance, schlummernde Teile der eigenen Persönlichkeit zu erwecken, neue Stärken zu entfalten, sich zu finden und zu reifen.

Kurzprogramm
Lieber hoffen als verzagen

Einige Möglichkeiten zur Anregung

- Heute Tag will ich, auch wenn ich enttäuscht wurde, die Hoffnung auf ein neues Leben mit einem anderen Menschen nicht aufgeben und mich solange selbst um meine Bedürfnisse kümmern.
- Es wäre möglich, dass ich unerwartet eine Chance erhalte. Deshalb werde ich heute die Augen weit öffnen und einem sympathischen Menschen spontan zulächeln – denn wer wagt, gewinnt.
- Mein Plan ist: ich will nicht länger verletzt oder zornig über eine Liebe sein, die verging. Stattdessen werde ich mir heute etwas Zeit für mein Wohlbefinden nehmen. Denn was dem Körper und den Sinnen Wohlbehagen bereitet, wirkt sich auf meine Stimmung ebenfalls positiv aus.

- Ich will keine Minute mehr damit verschwenden, jemanden anzuklagen oder mir selbst etwas vorzuwerfen, denn so werde ich nur unzufriedener.
- Um nicht länger »im Schneckenhaus zu sitzen«, will ich mich unter Menschen begeben. Und ich warte nicht darauf, dass andere auf mich zukommen, sondern werde selbst aktiv und wage den ersten Schritt. Ich nehme mir für den nächsten Tag wieder etwas Neues vor, um mir den Blick für die Schönheiten des Lebens zurückzuerobern.
- Ich beende den Tag mit einem mentalen Fitnessprogramm, indem ich mir sage, dass ich Geduld haben muss. Denn das neue Leben kann mich wie ein Blitz treffen oder aber langsam heranwachsen. Bis es so weit ist, werde ich mir selbst helfen und mich auf angenehme Gedanken konzentrieren.

Auf welche Weise konnte ich mein heutiges Motto in die Tat umsetzen?

Welche Gefühle und welche Erfahrungen hatte ich währenddessen?

Was kann ich bereits morgen unternehmen, damit die angenehmen Gefühle von heute zukünftig zu einem festen Bestandteil meines Alltags werden?

7. Tag

»Ich lebe nach Herzenslust«

Bleiben Sie optimistisch

Nun haben Sie das Buch fast bis zu Ende gelesen. Legen Sie eine Ruhepause ein und denken Sie noch einmal über das Gelesene nach. Für den heutigen Tag möchte ich Ihnen – neben dem versprochenen Kurzprogramm – eine kleine Denkanregung in Form eines Gedichts mit auf den Weg geben. Ich schrieb es vor Jahren einmal für mich selbst – nun möchte ich es an Sie weitergeben. Vielleicht lesen Sie es gleich in der Früh, möglicherweise beim Frühstück, denn es ist einfach und schnell gelesen. Nehmen Sie es gedanklich mit in den neuen Tag, für den ich Ihnen Gutes wünsche. Und beginnen Sie das Morgen mit den Worten: »Heute wird alles besser«.

Das Optimisten-Gedicht

Das ist mein Tag
Jeden Tag neu anfangen –
jeden Tag ein anderer sein.
Jeden Tag das Leben lieben,
immer optimistisch sein.

Jeden Tag neu anfangen –
vorbei, vergessen, was geschah.
Was mich gestern traurig machte,
ist schon heute nicht mehr wahr.

Jeden Tag neu anfangen –
ein neuer Tag bringt neues Glück.
An all das Schöne will ich denken
und der Welt ein Lächeln schenken.

Jeden Tag neu anfangen –
nichts erzwingen,
nichts erringen.
Was zu tun ist, will ich tun
und an Leichtigkeit gewinnen.

Jeden Tag neu anfangen –
ohne Angst nach vorne schauen.
Ich will leben, lieben, lachen,
in mich selbst und Gott vertrauen.

Jeden Tag neu anfangen –
mit neuen Plänen und Ideen.
Und wenn es noch November ist,
den nächsten Frühling vor mir sehen.

Jeden Tag neu anfangen –
Tag für Tag mit frischem Mut.
Nur die Hoffnung nie aufgeben,
Stück für Stück wird alles gut.

Jeden Tag neu anfangen –
jeden Tag ein andrer sein.
Jeden Tag das Leben lieben,
denn es ist kurz:

Es lohnt nicht, Pessimist zu sein.

➤ Kurzprogramm Lieber positiv denken als Trübsal blasen

Einige Möglichkeiten zur Anregung

- An diesem Tag will ich das negative Gestern vergessen und es nicht wieder heraufbeschwören. Denn jetzt zählt nur noch, dass ich im Hier und Jetzt ein glücklicher Mensch werde.
- Ich lasse das Wort »Leben« auf der Zunge zergehen und begreife: Heute erhalte ich eine Gelegenheit, mein Lebensgefühl so zu gestalten, dass ich gerne lebe. Um diesen Zustand nicht zu gefährden, gehe ich tagsüber allen, die negative Gedanken mitteilen, aus dem Weg und schenke da-

für jenen Menschen mehr Beachtung, von denen ich etwas Erbauliches lernen kann.

- Stündlich achte ich darauf, nicht wieder die alten Gedankenpfade zu betreten oder mir von Alltagsschwierigkeiten die Freude rauben zu lassen. Sobald ich bemerke, dass ich in negative Überlegungen hineintreibe, sage ich »Stopp!« und denke daran, dass meine Zeit dafür zu kostbar ist. Um mich aufzumuntern, mache ich mir ein kleines Geschenk oder unternehme etwas, dem ich schon seit langer Zeit wieder nachgehen wollte. Und ich sage mir, dass noch so viel Beglückendes und Aufregendes auf mich wartet – ich muss nur dazu aufbrechen.
- Ich habe begriffen, dass ich den gewohnten Kreislauf negativer Gedankenmuster unterbrechen muss, sonst laufe ich Gefahr, unglückliche Zustände geradezu anzuziehen.
- Ich werde heute bei allen sich bietenden Gelegenheiten freundlich mit mir selbst umgehen und mir sagen: »Auch wenn mein Glück nicht einfach ›vom Himmel fällt‹ und ich nicht die besten Startbedingungen erhielt, so will ich mich trotzdem nicht aufgeben. Sondern ich will mutig voranschreiten und mich zu jenem Menschen entwickeln, der ich im Grunde meines Herzens immer schon gerne sein wollte.«

Literatur zum Weiterlesen

Conen, Horst: *Du bist mehr als du bist. Wie wir über uns selbst hinauswachsen können*. Kösel 2000

Conen, Horst: *Die Happy Box. 77 Karten für ein glückliches Leben*. Ehrenwirth 2003

Conen, Horst: *Ich fange jeden Tag neu an. Warum Optimisten besser leben.* Weltbild 2000

Conen, Horst: *Die Kunst mit Menschen umzugehen. Ein Basisbuch für erfolgreiche Kommunikation.* Knaur 2003

Conen, Horst: *Optimisten brauchen keinen Regenschirm. Das Programm für Ihre positive Zukunft.* MVG 2001

Conen, Horst: *Sei gut zu dir, wir brauchen dich! Vom besseren Umgang mit sich selbst.* Campus 2005

Conen, Horst: *Zeigen Sie Profil! So machen Sie Ihre Ecken und Kanten zum Plus*. Knaur 2004

Der Autor

Horst Conen ist einer der führenden Coaches und Experten zum Thema Selbst- und Lebensmanagement in Deutschland sowie Autor zahlreicher erfolgreicher Bücher, in denen er praxisnahe Hilfe zur Selbsthilfe bietet. Sein Schwerpunkt liegt auf der Entwicklung und Vermittlung von Methoden, die einen besseren Umgang mit sich selbst bewirken. Er hält bundesweit Vorträge, führt Inhouse-Seminare durch und berät Firmen sowie Privatpersonen.

Weitere Informationen oder Kontakt zum Autor:

info@horstconen.com
www.horstconen.com